30秒でできる！ニッポン紹介

おもてなしの
フランス語会話

L'hospitalité japonaise
en français

フランス語訳
トリスタン・ブルネ　ペリーヌ・アラン・ブルネ

IBCパブリッシング

カバーデザイン = 菊地玲奈
ナレーション = ペリーヌ・アラン・ブルネ
録音編集 = 株式会社 巧芸創作

● 付属 CD-ROM について ●

　本書に付属の CD-ROM に収録されている音声は、パソコンや携帯音楽プレーヤーなどで再生することができる MP3 ファイル形式です。
　一般的な音楽 CD プレーヤーでは再生できませんので、ご注意ください。

■音声ファイルについて
　付属の CD-ROM には、本書のフランス語パートの朗読音声が収録されています。トラックごとにファイルが分割されていますので、パソコンや携帯プレーヤーで、お好きな個所を繰り返し聴いていただくことができます。

■ファイルの利用方法について
　CD-ROM をパソコンの CD/DVD ドライブに入れて、iTunes や x- アプリなどの音楽再生 (管理) ソフトに CD-ROM 上の音声ファイルを取り込んでご利用ください。

■音楽再生・管理ソフトへの取り込みについて
　パソコンに MP3 形式の音声ファイルを再生できるアプリケーションがインストールされていることをご確認ください。
　CD-ROM をパソコンの CD/DVD ドライブに入れても、多くの場合、音楽再生ソフトは自動的に起動しません。ご自分でアプリケーションを直接起動して、「ファイル」メニューから「ライブラリに追加」したり、再生ソフトのウインドウ上にファイルをマウスでドラッグ＆ドロップするなどして取り込んでください。
　音楽再生ソフトの詳しい操作方法や、携帯音楽プレーヤーへのファイルの転送方法については、ソフトやプレーヤーに付属のユーザーガイドやオンラインヘルプで確認するか、アプリケーションの開発元にお問い合わせください。

はじめに

Bonjour 皆さん！

　以前と比べると、日本を訪れるフランス人は年々増え続けています。フランス人観光客の数は 2016 年に約 22 万人を超えました。2019 年に日本で開催予定のラグビーワールドカップ、そして 2020 年の東京オリンピックの時には、この数はさらに伸びていることでしょう。

　フランス人の「日本人気」には様々な理由があります。マンガや武道を通して日本文化に親しんでいったフランス人も大勢いますが、日本料理もフランス本国だけではなく、フランス語圏の国々でとても流行しています（とくにお寿司は大人気です）――そういうこともあって、本書でも和食の紹介に特に力を入れました。

　本書には、困っているフランス語圏旅行者に丁寧に話しかける、「お困りですか？」"Je peux vous aider ?"、「私は〜です」や自己紹介の "Laissez-moi me présenter !" といったキーフレーズが掲載されている一方、日本の文化や日常生活に関する質問を想定して、それに対して、たった "30 秒で" 答えられるフランス語の答えを用意しました。その際、日本語からの一対一の逐語訳ではなく、フランス語として一番、わかりやすい、自然な文章であることを心がけました。

　音声を収録した CD（MP3 形式）が付いていますので、発音練習の心配もありません。音声を何度も繰り返し聞いて、声に出してフランス語の練習をしてみてください。

　欧米人の間での日本人の評判はとてもよく、「日本人は皆、とても礼儀正しく親切な人たちだ」と言われています。そう思っている人たちをがっかりさせてはかわいそうですよね。

　ですから、さあ、今日からすぐに本書を手に取って、練習です！　そして、街に出て、困っているフランス語圏から来ている旅行者に出会ったら、ためらわず、皆さんの方から、ドンドン話しかけてあげてくださいね！　Merci !

トリスタン・ブルネ
ペリーヌ・アラン・ブルネ

知っておくと便利な「おもてなしの基本表現」

　まずは、外国人に話しかけて、会話をスタートするための基本表現を勉強しましょう。これらの会話を使うときに大切なのが、笑顔です。スマイルこそがコミュニケーションの基本です。フランス語自体が多少間違っていても、こちらが笑顔であることで、悪い意図はないのだということを伝えることができます。そのようなボディランゲージも大切にしながら会話をしてくださいね。また、相手もせっかく日本に来ているのですから、あいさつくらいは日本語でゆっくり「こんにちは」と話しかけてみるのもよいでしょう。おもてなしの基本は笑顔と度胸です。まずは、基本のフランス語会話の勉強から始めましょう。

※ J＝日本人，F＝外国人

Bienvenue au Japon.（日本へようこそ）

J Bienvenue au Japon. Je suis guide touristique bénévole.
（日本へようこそ。私はボランティアの観光ガイドです）

F Pouvez-vous m'indiquer où je peux acheter un ticket ?
（切符売り場はどこにあるか教えていただけますか）

＊相手に歓迎の意を伝えるときの言い方。Bienvenue chez moi (nom de l'entreprise).（わが家［社］へようこそ）のように使います。

Est-ce que vous parlez français ? （あなたはフランス語を話しますか）

J　Est-ce que vous parlez français ?
（あなたはフランス語を話しますか）

F　Oui, un peu.
（ええ、少し）

＊外国からの旅行者などと話をするには、まず相手がフランス語を話せるかどうかを尋ねましょう。

Voulez-vous 〜 ? （〜はいかがですか）

J　Voulez-vous que je vous fasse visiter les environs ?
（このあたりをご案内しましょうか）

F　Oui, merci.
（ええ、お願いします）

＊「〜をご希望ですか」と相手にたずねるときの言い方。Que voulez-vous dîner ?「夕食は何を食べたいですか」のようにも使えます。

C'est 〜 （これは〜です／あれ［それ］は〜です）

F　Qu'est-ce que c'est ?
（それは何ですか）

J　C'est une caméra de surveillance.
（これは防犯カメラです）

Tout va bien ? (だいじょうぶですか) / Qu'est-ce qui vous arrive ? (どうしましたか)

J Vous avez l'air malade. Tout va bien ?
（具合が悪そうですね。だいじょうぶですか）

F Tout va bien, je vous remercie.
（だいじょうぶです、ありがとう）

＊相手の体調などを気遣うときに使う表現。Ça va ? とも言います。

J Excusez-moi, je peux vous aider ?
（すみません。どうかなさいましたか［お助けしましょうか］）

F Oui, avec plaisir. Je n'arrive pas à ouvrir cette porte.
（ええ、お願いします。このドアが開かないのです）

＊ Je peux vous aider ? は「いらっしゃいませ」などの意味でも使いますが、困っている人を見かけたときに使うこともできます。

Comme ça. (こんなふうに)

J Il faut tourner la poignée, comme ça.
（取っ手を回してください。こんなふうに）

F J'ai compris, merci.
（わかりました）

＊ comme ça は「この［その］ように」の意味。何かの動作をするように言われたとき、Comme ça ?（こうですか？）と応答することもできます。

Je vais essayer. （私がやってみましょう）

F　Excusez-moi, je n'arrive pas à utiliser cette télécommande.
（すみません。このリモコンが使えないのですが）

J　J'ai compris. Laissez-moi essayer.
（わかりました。私がやってみましょう）

＊ Laissez-moi ～は「私に～させてください」という意味。Laissez-moi me présenter.「自己紹介させてください」のように、me の後ろに動詞を置いて使います。

Faites attention. （気をつけて）

J　Faites attention. Ce couteau est vraiment très tranchant !
（気をつけて。そのナイフはとてもよく切れますよ）

F　Merci.
（ありがとう）

＊ Faites で始まる文は「しなさい」という命令や忠告の意味を表します。Faites moins de bruit. は「静かにしてください」です。

> **Je vais vous montrer le chemin.**（道をご案内します）/
> **C'est par ici.**（こちらです）

F   Excusez-moi, je cherche l'office du tourisme.
（すみません。観光案内所を探しているのですが）

J   Bien sûr, je vais vous montrer le chemin.
（わかりました。道をご案内します）

＊相手を特定の場所まで連れて行くときに使う言い方。「駅までの道」なら le chemin de la gare です。

F   Où est la salle d'attente ?
（待合室はどこですか）

J   Par ici, je vous prie.
（こちらへどうぞ）

＊これも相手を特定の場所まで連れて行くときに使う言い方。相手が自分で行くよう伝えるときは C'est là-bas.「あちらです」などを使います。

> **Ça vous va très bien.**（よくお似合いです）

F   Est-ce que ce chapeau me va bien ?
（この帽子は私に似合いますか）

J   Ça vous va très bien.
（よくお似合いですよ）

＊ (Sur vous,) ce chapeau est parfait !「その（あなたの）帽子が気に入りました［その帽子はすてきですね］」などとも言います。

Attendez une minute, s'il vous plaît. (少しお待ちください)

F　Vous avez une minute ?
（時間がありますか）

J　Attendez une minute, s'il vous plaît.
（少しお待ちください）

＊相手を少し待たせるときに使う言い方。Une minute (Un moment) s'il vous plaît. などとも言います。

Bonne journée. (さようなら) / Bon voyage. (行ってらっしゃい)

F　Merci pour votre aide.
（いろいろお世話になりました）

J　Je vous en prie. Bon voyage !
（どういたしまして。行ってらっしゃい［よい旅を］）

＊別れるときの決まり文句です。金曜日の退社時には同僚に Bon weekend !「お疲れ様でした［よい週末を］」などと言います。

目次

はじめに　3
知っておくと便利な「おもてなしの基本表現」　4

第1章　日本人の佇まい　15

1　着物 16
2　日本家屋 18
　コラム　日本の家屋の中はどうなっているの？ .. 20
3　暖簾 24
4　提灯 26

第2章　日本の象徴　29

1　天皇 30
2　富士山 32
3　神社 34
4　仏教 36
　コラム　神道と仏教のつながり 38
5　禅 40
6　侍 42
7　城 44
8　侘び・寂び・幽玄 46

Table des matières

第3章　日本の食　㊾

1	寿司	50
2	刺身	52
3	天婦羅	54
4	焼き鳥	56
5	とんかつ	58
6	懐石	60
7	うなぎ	62
8	そば	64
9	ラーメン	66
10	カレーライス	68
11	お好み焼き	70
12	どんぶりもの	72
13	弁当	74
14	梅干し・わさび・鰹節	76
15	お茶	78
16	和菓子	80
17	酒	82
18	焼酎	84

第4章　日本の風物　87

1. 花見 88
2. 満員電車 90
3. 新幹線 92
4. 電子マネー 94
5. デパ地下 96
6. コンビニ 98
7. 温泉 100
8. 旅館 102
9. 居酒屋 104
10. だるま 106
11. 招き猫 108
12. タクシー 110
13. オタク文化 112
14. コスプレ 114
15. 歌謡曲 116

第5章　日本の伝統文化　119

1. 歌舞伎 120
2. 能 122
3. 狂言 124
4. いけばな 126
5. 茶道 128
　　コラム 茶の湯 130
6. 相撲 138
7. 盆栽 140
8. 浮世絵 142

Table des matières

第6章　日本の都市　145

1	東京	146
2	京都	148
3	大阪	150
4	奈良	152
5	広島	154
6	福岡	156
7	沖縄	158
8	北海道	160
9	銀座	162
10	浅草	164
	コラム　合羽橋道具街・浅草寺	166

第7章　東京サバイバル　169

1	地下鉄を乗りこなす	170
2	JRを乗りこなす	176
3	成田空港 VS 羽田空港	178
4	東京の歩き方	182
5	治安	184
6	郵便、キャッシング、クレジットカード	186
7	外国人からよく聞かれる質問	187

第1章

日本人の佇まい

1 着物

❓ こんな質問をされたら？

1 Comment sont faits les kimonos ?

着物はどうやって仕立てられるの？

2 Est-il facile de mettre un kimono ?

着物は簡単に着られるの？

3 À quelle occasion les japonais portent-ils un kimono ?

日本人はどのような場面で着物を着るの？

Les kimonos

💬 30秒で、こう答えよう！

1 La production des kimonos demande un grand savoir-faire artisanal, dont les techniques se transmettent de génération en génération.

着物を仕立てるには、先代から受け継がれる熟練の技が必要です。

2 Comme c'est difficile de nouer son *obi* tout seul, en général, on se fait aider.

帯を自分で結ぶのはかなり大変で、着物を着る人はたいてい誰かに助けてもらいます。

3 Les Japonais portent des vêtements occidentaux dans la vie de tous les jours, mais ils portent des kimonos pour les occasions spéciales, comme les mariages, les enterrements, ou les cérémonies de remise de diplôme.

日本人は日常生活では洋服を着ていますが、結婚式、葬儀、卒業式など特別な場合に着物を着ます。

2 日本家屋

? こんな質問をされたら？

1 À quoi ressemble une maison japonaise traditionnelle ?

伝統的な日本家屋はどのようなものですか？

2 De quoi est fait le plancher ?

床は何でできていますか？

3 Comment appelle-t-on les portes qui séparent les couloirs et les pièces ?

廊下と部屋を仕切っているドアを何といいますか？

La maison japonaise

💬 30秒で、こう答えよう！

1 Une maison traditionnelle japonaise est faite de bois, avec un plancher de tatamis et des pièces séparées par des cloisons de papier de riz "*shôji*" et des portes coulissantes appelées "*fusuma*".

伝統的な日本家屋は木造で、畳を敷き、障子や襖で部屋が仕切られています。

2 En général, il est couvert de tatamis, tissés de paille de jonc épars.

畳は柔らかい草を織ってつくられます。

3 On les appelle *shôji*. Elles sont faites d'une trame de bois recouvert d'un fin papier japonais.

障子と呼ばれ、木の枠を薄い和紙で覆ってつくられています。

第1章 日本人の佇まい

Chronique 日本の家屋の中はどうなっているの？

L'entrée *genkan* 玄関

On entre en tirant une porte coulissante qui émet alors un bruit caractéristique de frottement. On enlève ses chaussures avant de monter la marche, appelée *agariguchi*, qui mène au niveau du plancher. La politesse veut qu'on oriente la pointe de ses chaussures en direction de la porte.

ガラガラという音を立てる引き戸を開けて入る。履き物を脱いで、一段高い板張りの「あがり口」に上がる。脱いだ履き物は、つま先を入口の方に向けて揃え直すのが礼儀。

Les pièces japonaises *washitsu* 和室

Ces pièces sont couvertes de tatami, dont le nombre permet de déterminer la taille de la pièce : on parle ainsi de pièces de six tatamis, de huit tatamis... Dans les anciennes maisons traditionnelles, on peut si nécessaire enlever les panneaux qui séparent les pièces pour créer un grand espace unique.

畳敷きの部屋で、その数によって6畳間、8畳間などと呼ばれる。古い日本家屋の場合は、必要に応じて各部屋を仕切る襖を取り外すと、広い部屋になるという工夫がこらされている。

Les toilettes à la japonaise *wa-shiki*
和式トイレ

Contrairement aux toilettes occidentales, sur lesquelles on s'assoit, on s'accroupit dos à la porte sur les toilettes japonaises. Les hommes peuvent rester debout pour y uriner. Pour ceux qui ne connaissent que les toilettes occidentales, leur découverte peut provoquer un petit choc culturel.

便器に腰を掛ける欧米式と違い、和式は入口を背にして便器にまたがり用を足す。男性の小用は立ったまま行う。欧米式に慣れた人には、ちょっとしたカルチャーショックだ。

À quoi ressemble un intérieur japonais ?

Le *tokonoma*　床の間

Le *tokonoma* est une alcôve légèrement surélevée par rapport au sol, dans laquelle on place un vase fleuri ou non, avec une peinture ou une calligraphie accrochée au mur. On les trouve aussi dans les maisons de thé. Même les nouvelles maisons japonaises ont toujours au moins un *tokonoma* dans leurs pièces japonaises.

　床を一段高くして置物や花瓶を置き、壁に書画などを掛ける。茶室にもみられるもので、新しい日本家屋の和室の一室は必ず床の間つきになっている。

Le bain *furo*　風呂

Dans les anciennes maisons japonaises, les baignoires aussi étaient faites en bois, mais aujourd'hui ces modèles ont quasiment disparu. Cependant, la manière de prendre le bain au Japon n'a pas changé : on ne se lave jamais dans la baignoire.

　古い日本家屋は風呂も木製だったが、現在はめっきり見かけなくなった。しかし、入浴法は昔のままで、身体を洗う時は浴槽から出て洗うのが日本流である。

Les cloisons de papier *shôji*　障子

Faits de papier japonais tendus sur une trame de bois, ils laissent filtrer la lumière naturelle et maintiennent la température dans les pièces. C'est un élément typique des intérieurs japonais.

　木組みをほどこした戸に和紙を張ったもので、自然の採光や室内の保温に適している。日本家屋ならではの独特の工夫である。

Les volets *amado* 雨戸

Rangés durant la journée dans un compartiment appelé *tobukuro*, on pose ces volets la nuit venue. On les appelle *amado*, ou portes de pluie, car autrefois on les gardait fermés les jours de pluie Aujourd'hui, on les utilise surtout pour préserver l'intimité du foyer et se protéger des voleurs.

日中は収納しておいて、夜は「戸袋」から引き出して使う。雨の日に閉めたことから「雨戸」というが、現在は防犯やプライバシーを守ることが主な役目になっている。

Les placards *oshiire* 押入れ

Ces placards se trouvent dans les pièces japonaises. On y range la literie et tout ce qu'on utilise pas au quotidien. Autrefois, les enfants japonais venaient s'y cacher quand leurs parents les grondaient.

寝具や日常使わないものの保管場所として、和室に付設されている。昔の日本の子供は、親に叱られると、ここに逃げ込んだものだ。

La literie *shingu* 寝具

Traditionnellement, les japonais dorment sur des matelas appelés futons posés directement sur les tatamis. Ainsi, toute pièce japonaise peut rapidement se transformer en chambre pour la nuit.

和室に布団を敷いて寝るのが、昔の日本人の一般的風習だった。夜になると、和室は寝室に早変わりする。

L'autel bouddhiste *butsudan* 仏壇

Aujourd'hui encore, de nombreux japonais commencent leur journée en joignant les mains pour prier devant l'autel bouddhiste de la famille, où sont recueillies les cendres de leurs ancêtres.

先祖の位牌を祀った仏壇に向かって手を合わせ、一日のスタートをする日本人が多い。

L'autel shinto *kamidana* 神棚

Dans les familles de commerçants, de paysans ou de pêcheurs, on trouve souvent un autel dédié à la divinité protectrice de leur activité.

商売をしている家、農家、漁師の家などは、たいがい神様を祀る神棚を設けている。

La table chauffante *kotatsu* こたつ

Voir toute la famille assise autour du *kotatsu* pour se réchauffer en hiver était autrefois une scène typique de la vie quotidienne japonaise. Peut-être l'éclatement de la cellule familiale au Japon n'est pas sans lien avec la raréfaction des *kotatsu*, remplacé par d'autres types de chauffage.

家族全員がこたつに入って暖をとるのが、日本の冬の当たり前の家庭風景だった。家庭崩壊は、暖房の発達でこたつが不要になったことと無縁ではないのかもしれない。

3 暖簾

❓ こんな質問をされたら？

1 Comment s'appellent les petits rideaux à l'entrée des commerces ?

店の入り口にかかっている小さなカーテンのようなものは何ですか？

2 Qu'est-ce qui est imprimé dessus ?

その上には何がプリントされているのですか？

3 À quoi servent-ils ?

入り口にかけるのはなぜですか？

Noren

 30秒で、こう答えよう！

1 On appelle ça "*noren*", on les accroche à l'entrée des bains publics, des commerces ou des restaurants de cuisine japonaise.

暖簾といわれるもので、和食店や商店、銭湯などの入り口にかけられています。

2 Normalement, le nom de l'établissement (*yagô*) ou le blason (*mon*) de la famille qui le tient sont imprimés dessus.

ふつう、店の称号（屋号）や家の紋章（紋）が印刷されています。

3 À l'origine, il s'agissait d'un morceau de tissu pour protéger du soleil ou empêcher la poussière d'entrer. Aujourd'hui, on les accroche pour indiquer que la boutique est ouverte.

日除けやほこり除けに用いた1枚の布がはじまりです。外に暖簾がかかっているときは、営業中の印です。

4 提灯

❓ こんな質問をされたら？

1 Qu'est-ce que c'est, cette lanterne en papier ?

この紙製の手提げランプのようなものは何ですか？

---

2 Comment est-elle faite ?

何でできていますか？

---

3 Et les rouges, couvertes d'écriture, ont-elles un rôle spécial ?

何か書かれている赤い色のものは、特別なものですか？

Les lanternes en papier

💬 30秒で、こう答えよう！

1 On appelle ça "*chôchin*", et elle peut être suspendue, ou transportée pour circuler.

提灯といわれるもので、軒下にぶら下げられたり、携行することができます。

2 En général, elle est faite en collant un papier japonais très résistant sur une structure de lames de bambou courbées.

通常、折りたためる輪状の竹ひごに丈夫な和紙を貼り付けてつくります。

3 On les appelle "*akachôchin*", et elles indiquent en général le nom du commerce ou le genre de cuisine qu'on y sert.

赤提灯といい、店名や出される食べ物を知らせています。

第1章 日本人の佇まい

第2章

日本の象徴

1 天皇

? こんな質問をされたら？

1 Quel est le rôle de l'empereur du Japon ?
天皇の役割とはどのようなものですか？

2 Comment nomme-t-on l'empereur en japonais ?
日本語でエンペラーのことを何といいますか？

3 Où habite l'empereur du Japon ?
天皇はどこに住んでいますか？

L'empereur

第2章 日本の象徴

💬 30秒で、こう答えよう！

1. Selon la Constitution, l'empereur a une fonction de symbole du Japon. Tout comme la famille royale d'Angleterre, l'empereur du Japon n'exerce pas de pouvoir politique.

   憲法では、天皇は日本の象徴であると規定されています。イギリスの王室と同じように、日本の天皇にも政治的なパワーはありません。

2. En japonais, l'empereur est appelé *Tennô*. Cela signifie "Empereur venu du Ciel".

   エンペラーのことを日本では天皇といいます。それは「天からきた皇帝」という意味です。

3. L'empereur habite au Palais Impérial appelé "*Kôkyo*". C'est là qu'était situé le château d'Edo autrefois.

   天皇は皇居という宮廷に住んでいます。それはかつての江戸城に位置しています。

2 富士山

? こんな質問をされたら？

1 Quelle est la plus haute montagne du Japon ?

日本一高い山は何ですか？

2 Où est-il ?

それはどこにありますか？

3 Quelles sont les charactéristiques de cette montagne ?

何か特徴はありますか？

Le Mont Fuji

💬 30秒で、こう答えよう！

1 C'est le Mont Fuji avec ses 3776 mètres d'altitude.

富士山で、標高 3776 メートルです。

2 Il est localisé à la limite entre les préfectures de Shizuoka et Yamanashi.

静岡県と山梨県の境にあります。

3 Le Mont Fuji est un sublime et extraordinaire volcan, ce qui fait de lui un symbole du Japon. En 2013, il est devenu Patrimoine Mondial de l'Unesco.

富士山は美しく雄大な火山として日本の象徴になっています。2013 年に世界遺産に認定されました。

3 神社

❓ こんな質問をされたら？

1 Quelle est la religion propre au Japon ?

日本固有の宗教は何ですか？

2 À quelle fréquence les Japonais vont-ils prier au sanctuaire ?

日本人はどのくらいの頻度で神社に参拝するのですか？

3 Que représentent ces grands portails devant chaque sanctuaire ?

神社の前にあるあの大きな門は何ですか？

Les sanctuaires

💬 30秒で、こう答えよう！

1 C'est le Shintoïsme. Pour le pratiquer, on se rend au sanctuaire, "*Jinja*" en japonais.

それは神道です。礼拝するところは神社と呼ばれます。

2 Cela dépend des gens, mais généralement au nouvel an, on se rend au sanctuaire pour prier la bonne fortune et la santé.

人によって違いますが、日本人はふつうお正月に幸運や健康を祈願するために神社を参拝します。

3 Ces portails s'appellent des "*Torii*", ils indiquent l'entrée d'un sanctuaire shinto.

あの門は鳥居といい、神社の入り口を示しています。

4 仏教

❓ こんな質問をされたら？

1 Combien y-a-t-il de Bouddhistes au Japon ?

日本には仏教徒は何人いますか？

2 Quel rôle a joué le Bouddhisme sur le Japon moderne ?

現代の日本において、仏教の役割とは何ですか？

3 Pourquoi les visiteurs du Senso-ji brûlent-ils de l'encens ?

浅草寺の参拝客はなぜお香を炊くのですか？

Le Bouddhisme

💬 30秒で、こう答えよう！

1 Environ 91 millions de Japonais se disent Bouddhistes.

およそ9100万人の日本人が、自分は仏教徒だといいます。

2 Ironie de l'histoire, pour beaucoup de Japonais aujourd'hui, le Boudddhisme est principalement associé aux funérailles. Pourtant, le Bouddhisme a eu une forte influence sur le Japon.

皮肉なことに多くの日本人にとって、仏教は今や葬式のためだけにあるといわれています。しかし、仏教が日本に深い影響を及ぼしていることもまた真実です。

3 Les visiteurs brûlent de l'encens en guise d'offrande et s'éventent eux-mêmes avec la fumée pour se purifier.

参拝客は、お供えとして線香をあげ、お清めとして煙を自分に扇ぎかけます。

Chronique　神道と仏教のつながり

なぜ日本人は、神社にも寺にも行くのですか？

　基本的に、宗教に関して言えば、日本人は排他的ではありません。神も仏もその他の精霊も、わたしたち人間にご利益をもたらしてくれる存在です。ですから日本人の多くは、神社で健康を祈願し、新年に寺にお参りし、キリスト教式の結婚式を挙げることも平気です。日本人にとって、それはまったく矛盾してはいないのです。

　しかし、こうしたことがふつうに行われていることを理解するのは大切です。さまざまな"宗教的"行事に参加するために、特定の信仰や宗派に対する義務や献身は求められません。ただ単に助けやご利益や保護を求め、感謝の気持ちを表すために祈り、儀式を行い、祝詞やお経を唱え、神社仏閣を訪れます。歴史を通じて、日本人はそうしてきました。そして今も、その伝統を守り続けています。

神社と寺院が同じ場所に建っていることがあるのはなぜですか？

　7世紀に仏教が日本で広まってまもなく、日本人は仏と神を結びつける方法を模索しはじめました。まず、土地を守護する氏神が仏教の守護神として考えられるようになりました。10世紀には、神は仏や菩薩(ぼさつ)が姿を変えて現れたものであるとされ、13世紀になると主要な神社の祭神の多くが、特定の仏の化身として同一視されるようになりました。

　こうした神仏の同一視から生まれた思想が、本地垂迹(ほんじすいじゃく)です。仏が日本の神々の姿をとって地上に降りてくることを意味しています。仏教を守護する菩薩としても崇められる八幡はその代表例です。寺院の境内に神社が建てられたのは、神道と仏教を一つにまとめるためでした。このことは、単一の宗教にこだわらず、複数の宗教を受け入れる日本人の信仰のあり方をよく表しています。

Liens entre Shinto et Bouddhisme

Sanctuaires et temples, pourquoi les Japonais fréquentent les deux ?

À l'origine, les Japonais ne pratiquent pas une religion exclusive. Le Bouddha et autres divinités apportent profits et bénéfices à l'existence des Humains. C'est pourquoi de nombreux Japonais n'hésitent pas à prier les divinités Shinto pour leur bonne santé, à visiter les temples bouddhiques au Nouvel an et à se marier à l'Eglise. Pour les Japonais, il n'y a rien de contradictoire à cela.

Cependant, il est essentiel de comprendre qu'au Japon, participer à des célébrations de différentes religions ne signifie pas que l'on soit particulièrement dévoué à leurs croyances. On peut tout simplement réclamer un peu d'aide, de profit ou de grattitude, ou exprimer des remerciements, en se rendant au sanctuaire ou au temple en donnant une cérémonie, ou en récitant une prière ou un soutra. Depuis la nuit des temps, les Japonais font ainsi. Et ils font simplement perdurer cette tradition.

Pourquoi est-ce qu'il arrive qu'un sanctuaire et un temple soient bâtis au même endroit ?

Quand le Bouddhisme a été introduit au Japon au 7ème siècle, les Japonais ont presqu'immédiatement cherché une facon de relier Bouddha aux autres dieux. Pour cela, les divinités locales se sont vues chargées de la protection de Bouddha. Au 10ème siècle, les divinités shinto ont commencé à apparaître sous la forme de Bouddha ou de Bodhisattvas, et c'est ainsi qu'au 13ème siècle dans la plupart de grands sanctuaires shinto, on pouvait identifier des représentations de Bouddha.

Cette idée que les différents dieux peuvent avoir la même apparence, c'est ce qu'on appelle le "*honji suijaku*" (théorie des essences originelles et des manifestations terrestres). Cela veut dire que les divinités shinto sont des manifestations japonaises de Bouddha. Le meilleur exemple en est le dieu shinto Hachiman qui est devenu un Bodhisattva protecteur du Bouddhisme. Certains sanctuaires ont été érigés dans l'enceinte d'un temple dans le but de réunir les deux religions. Cette cohabitation montre comment les Japonais acceptent de combiner plusieurs croyances ou religions, plutôt que d'en choisir une seule.

5 禅

? こんな質問をされたら？

1. Quelle est la différence entre le Bouddhisme et le Zen ?

   仏教と禅宗には違いがあるのですか？

2. Quelle est la particularité du bouddhisme zen ?

   禅宗の特徴は何ですか？

3. Quelle inluence exerce le bouddhisme zen sur le Japon moderne ?

   禅宗は現代日本にどのような影響を与えていますか？

Le Zen

💬 30秒で、こう答えよう！

1 Le Zen est une école du Bouddhisme.

禅宗とは仏教の一派です。

---

2 Dans les temples zen, il y a un jardin de pierre appelé *"Sekitei"*.

禅寺には、「石庭」という石造りの庭があります。

---

3 Les mœurs hérités du zen ont toujours une place importante au sein des valeurs japonaises. Par exemple, aujourd'hui encore, pour les Japonais, le silence est d'or et on critique fortement les gens qui parlent trop.

禅によって発展した習慣は今なお日本人の重要な価値観を形成しています。たとえば、日本人は今でも沈黙に価値を置き、しゃべりすぎる人をよく批判します。

6 侍

? こんな質問をされたら？

1 Un samouraï, qu'est-ce que c'est ?

侍とは何だったのですか？

2 Y-a-t-il encore des samouraïs au Japon ?

いまの日本にはまだ侍がいるのですか？

3 Au quotidien, qu'est-ce que faisait un samouraï ?

侍は日常何をしていたのですか？

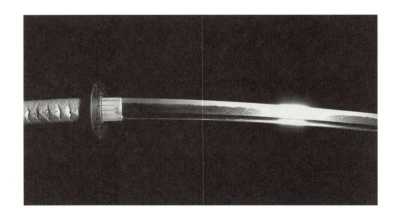

Les samouraïs

 30秒で、こう答えよう！

1. Les samouraïs étaient aussi appelés "*Bushi*". "*Bushi*" signifie "guerrier". Le terme de samouraï désigne plutôt celui qui entre au service de quelqu'un.

   侍は武士とも呼ばれました。武士は戦士を意味します。一方、侍は仕える人を意味します。

2. Non, l'ère des samouraïs a pris fin lors du renversement du shogunat des Tokugawa en 1868.

   いいえ、徳川幕府が 1868 年に倒されたとき、侍の時代もまた終焉を迎えました。

3. Ils suivaient un entraînement rigoureux, apprenaient la philosophie et la morale pour atteindre un certain niveau d'éducation.

   侍は厳格な訓練を行い、ある水準の教養を身に付けるために哲学や道徳を学ばなければなりませんでした。

7 城

? こんな質問をされたら？

1. Pourquoi des châteaux ont-ils été construits au Japon ?

   なぜ日本では城が建てられたのですか？

2. Est-ce qu'il y a des différences entre les châteaux japonais et les châteaux européens ?

   日本の城とヨーロッパの城には違いがあるのですか？

3. Quel est le plus célèbre château au Japon ?

   日本でいちばん有名な城は何ですか？

Les châteaux

💬 30秒で、こう答えよう！

1 Les châteaux ont été construits de l'antiquité au Moyen-Âge dans un but militaire. Durant le Shogunat des Tokugawa, les châteaux servaient de centre administratif au souverain local.

> 古代から中世にかけて、城は軍事目的のために築かれました。徳川幕府の時代には、城は地方の君主のための行政府になりました。

2 Oui, la principale différence tient au fait qu'au Japon seule la base du rempart est en pierre. Les bâtiments sont tout en bois et pour protéger des incendies et des attaques, on les recouvrait d'un épais crépis de plâtre et d'argile.

> ヨーロッパの城との大きな違いは、城壁だけが石で築かれているということです。建物はすべて木造で、火災や攻撃から守るために粘土や漆喰を厚く塗ってあります。

3 C'est le magnifique château du Himeji (ou Château du Héron blanc) construit en 1610 dans la préfecture du Hyogo. Il a été classé Patrimoine Mondial de l'Unesco en 1993.

> 兵庫県で1610年に完成した美しい姫路城（白鷺城）です。1993年に世界文化遺産に登録されています。

8 侘び・寂び・幽玄

❓ こんな質問をされたら？

1 Le *Wabi*, qu'est-ce que c'est ?

「侘び」とは何ですか？

2 Le *Sabi*, qu'est-ce que c'est ?

「寂び」とは何ですか？

3 Le *Yûgen*, qu'est-ce que c'est ?

「幽玄」とは何ですか？

Wabi, sabi et yûgen

💬 30秒で、こう答えよう！

1 Le *Wabi,* c'est la notion de beauté par la modestie et la simplicité. Par exemple, lors de la cérémonie du thé, on se distrait en choisissant des ustenciles simples et sobres.

> 侘びとは、美を簡潔で質素なものとする概念です。たとえば、茶道では素朴な茶器や道具を選んで茶会を楽しみます。

2 Le *Sabi*, c'est le fait de trouver beau ce qui change et ne dure pas. Par exemple, on utilise beaucoup la notion de *sabi* dans les jardins japonais pour décrire la mousse qui recouvre les vieilles pierres.

> 寂びとは、移ろい消えてゆくものに、どのように美を見出すかということです。たとえば、苔むした古石がよく寂びの概念に従って日本庭園に使われます。

3 La notion de *Yûgen* désigne la mystérieuse incertitude transmise par l'éternité de l'au-delà.

> 幽玄とは、死を乗り越えたところにある究極の永遠から伝わる神秘的な不確実性の概念です。

第3章

日本の食

1 寿司

? こんな質問をされたら？

1. Le *chirashi-zushi*, qu'est-ce que c'est ?

   ちらし寿司とは何ですか？

2. Le *kaiten-zushi*, qu'est-ce que c'est ?

   回転寿司とは何ですか？

3. Les sushis, comment ça se mange ?

   寿司の正しい食べ方とは？

Les sushis

💬 30秒で、こう答えよう！

1 Il s'agit d'un genre de sushi sur le riz vinaigré, on dispose plusieurs sortes de poissons crus, des légumes cuisinés, des champignons et de l'omelette.

ちらし寿司とは寿司の一形式で、酢飯の上にいろいろな種類の刺身、調理された野菜、キノコ、玉子などをのせたものです。

2 C'est un "sushi-bar" qui sert une grande variété de sushis dans de petites assiettes disposées sur un tapis roulant. Pour calculer le montant de l'addition, on compte le nombre d'assiettes empilées à la fin du repas. Le prix du sushi dépend de la couleur de l'assiette.

回転寿司では、いろんな種類の寿司をのせた小さな皿がベルトの上を廻っています。会計のときにウエイターがテーブルの上の皿の数を数えます。皿の色によって値段が違います。

3 Quand vous mangez des sushis, faites attention de ne pas ajouter trop de sauce soja. Pour que le sushi reste en un seul morceau, retournez-le et trempez le morceau de poisson dans la sauce soja.

寿司を食べるときは、あまり醤油につけすぎないように注意しましょう。形を壊さないためにも、寿司をひっくり返して、魚の部分を醤油につけるのが安全です。

2 刺身

❓ こんな質問をされたら？

1 Les sashimis, qu'est-ce que c'est ?

刺身とは何ですか？

2 Les sashimis, comment ça se mange ?

刺身の正しい食べ方とは？

3 Dites-moi ce que je dois boire pour accompagner les sashimis ?

刺身に合う飲み物を教えてください。

Les sashimis

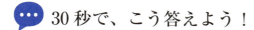 30秒で、こう答えよう！

1 Les sashimis, c'est du poisson cru finement tranché, et joliment disposé dans l'assiette.

刺身は薄く切られた生魚で、皿の上にきれいに盛りつけられています。

2 On trempe les sashimis dans de la sauce soja mélangée avec du wasabi râpé avant de les manger.

刺身はおろしたわさびと一緒に醬油につけて食べます。

3 Cela se marie très bien avec du saké.

刺身には日本酒がよく合います。

3 天婦羅

❓ こんな質問をされたら？

1 Les tempuras, qu'est-ce que c'est ?
天婦羅とは何ですか？

2 Comment prépare-t-on les tempuras ?
天婦羅はどのように調理されますか？

3 Comment les mange-t-on ?
天婦羅の正しい食べ方は？

Les tempuras

💬 30秒で、こう答えよう！

1 Les tempuras sont des beignets de poissons ou de légumes. La panure est réalisée à partir de farine et d'œufs.

> 天婦羅とは、揚げた魚や野菜のことで、小麦粉と卵でできた衣でおおわれています。

2 Pour goûter une bonne tempura, il faut faire frire les ingrédients les plus frais possible, mais pas trop longtemps.

> いい天婦羅を味わうためには、新鮮な素材をよく火が通るまで揚げなければなりませんが、揚げ過ぎてもダメです。

3 Cela se mange avec une sauce appelée "*tentsuyu*". Elle est faite de bouillon de poisson, de sauce soja et d'un saké doux appelé "*mirin*".

> 天つゆというたれにつけて食べます。天つゆは、魚だし、醤油、甘口の料理酒である味醂でできています。

4 焼き鳥

? こんな質問をされたら？

1 Les *Yakitori*, qu'est-ce que c'est ?
焼き鳥とは何ですか？

2 Où est-ce qu'on peut en manger ?
どこで食べられますか？

3 Comment faut-il s'y prendre pour commander des *yakitori* ?
どのように注文すればいいですか？

知っておくと便利な焼き鳥メニュー

yakitori やきとり・焼き鳥 **Brochettes de poulet**	*hatsu* はつ・ハツ **Un cœur**
shio 塩 **Du sel**	*shōniku* 正肉 **Du blanc de poulet avec peau**
tare タレ **De la sauce**	*uzura* うずら **Un œuf de caille**
momo もも **Une cuisse de poulet**	*negi* ねぎ・葱 **Du poireau**
negima ねぎま・ネギ間 **Des morceaux de poulet avec du poireau**	*shishitō* ししとう **Un petit poivron vert japonais**
sasami 笹身・ささみ **De la poitrine de poulet**	*ginnan* 銀杏・ぎんなん **De la noix de ginkgo**
teba 手羽 **Une aile de poulet**	*shiitake* 椎茸・しいたけ **Un shiitaké**
tebasaki 手羽先 **Un morceau d'aile de poulet**	*piiman* ピーマン **Un poivron vert**
tsukune つくね **Des boulettes de poulet haché**	*jidori* 地鶏 **Du poulet d'élevage**
kawa かわ・皮 **Une peau de poulet**	*torisashi* 鳥刺し **Du poulet cru**
bonjiri ぼんじり **Une queue de poulet**	*Nagoya kōchin* 名古屋コーチン **De la poule Cochin**
seseri せせり **Un cou de poulet**	*shamo* 軍鶏 **Du coq de combat**
rebā レバー **Un foie**	*kamo* 鴨 **Du canard**
sunagimo 砂肝 **Un gésier** (terme employé dans la région du Kanto)	*aigamo* 合鴨 **Du canard colvert**
sunazuri 砂ずり・砂ズリ **Un gésier** (terme employé dans la région du Kansai)	*suzume* すずめ **Du moineau**
	horohorochō ホロホロ鳥 **De la pintade de Numidie**

Les brochettes de poulet

💬 30秒で、こう答えよう！

1 Le *Yakitori*, c'est du poulet cuit en brochette.

焼き鳥とは、串に刺して焼いた鳥のことです。

2 On peut en acheter à emporter dans les sous-sols des grands magasins, des supermarchés ou des *combini* (supérettes). Mais les meilleurs *yakitori*, ce sont ceux qui sont grillés au charbon sur commande dans les *Izakaya* (brasseries à la japonaise).

デパートの食品売り場やスーパーマーケット、あるいはコンビニでも持ち帰ることができます。でも、最高の焼き鳥は、注文を受けてから――望むべくは高品質の炭火で――焼いてくれる居酒屋で出されるものです。

3 Commandez la partie de poulet que vous voulez manger. Puis, choisissez l'assaisonnement qui vous convient sel ou sauce.

自分の食べたい鶏の部位を注文することができます。そして、塩かタレか好みの味付けを選ぶことができます。

5 とんかつ

❓ こんな質問をされたら？

1 Le *tonkatsu*, qu'est-ce que c'est ?

とんかつとは何ですか？

---

2 Quels types de *tonkatsu* peut-on manger dans les restaurants spécialisés ?

とんかつ屋ではどのようなとんかつが食べられますか？

---

3 Comment bien assaisonner le *tonkatsu* ?

とんかつに合う薬味は何ですか？

Le porc pané

💬 30秒で、こう答えよう！

1 C'est du porc pané et frit.

とんかつは豚肉を揚げたものです。

2 Les restaurants de *tonkatsu* proposent du filet ou de la côtelette de porc frits à des prix raisonnables.

とんかつ屋でフィレとロースを揚げたものを手頃な値段で食べることができます。

3 Pour l'assaisonnement, en principe, on sert une forte moutarde, du sel, du citron ou une sauce spéciale appelée "*tonkatsu sauce*".

薬味には、ふつう、強めの辛子、塩、レモン、とんかつソースが出されます。

6 懐石

❓ こんな質問をされたら？

1 Le *kaiseki*, qu'est-ce que c'est ?

懐石とは何ですか？

2 Comment commander un *kaiseki* ?

懐石はどのように注文すればいいですか？

3 Quelles sont les particularités d'un menu *kaiseki* ?

懐石の特徴は？

La cuisine dite "kaiseki"

💬 30秒で、こう答えよう！

1 Le *kaiseki*, c'est la cuisine gastronomique japonaise servie entre autre lors d'un banquet de cérémonie.

懐石は最も正式な日本料理であり、改まった席などで供されます。

2 Le *kaiseki* est un menu complet, choisissez la formule qui vous convient. On ne peut pas commander juste un plat, il faut commander le menu entier. Le *kaiseki* est le repas japonais traditionnel le plus coûteux.

懐石はコース料理なので、コースメニューから選びます。単品での注文はできません。懐石は最も高額な和食の一つです。

3 Un menu *kaiseki* est préparé avec des ingrédients de saison, on savoure autant son parfum saisonnier que son aspect.

懐石では、季節ごとの素材や付け合わせが取り入れられているので、見た目の美しさだけでなく、旬の味わいを楽しむことができます。

7 うなぎ

❓ こんな質問をされたら？

1 L'*unagi*, qu'est-ce que c'est ?

うなぎとは何ですか？

2 Où est-ce qu'on peut en manger ?

どこでうなぎを食べられますか？

3 Quel est le meilleur moment de l'année pour manger de l'anguille ?

うなぎの旬はいつですか？

L'anguille

💬 30秒で、こう答えよう！

1 L'*unagi* est une anguille d'eau douce elle est couverte d'une sauce spéciale avant d'être grillée. Dans l'anguille, le taux de protéine est élevé, et ce plat est riche en vitamine A et E.

うなぎは淡水魚で、特別のタレをつけて焼かれます。うなぎには豊富なタンパク質、脂肪、ビタミンA、Eが含まれています。

2 L'anguille est presque toujours servie dans les restaurants spécialisés.

うなぎはたいていうなぎ専門店で供されます。

3 Les Japonais en mangent en été. En effet, ils pensent que manger de l'anguille donne des forces pour supporter la chaleur estivale.

日本人は夏にうなぎを食べます。というのは、うなぎは暑い天候に打ち勝つ精力をつけてくれると信じられているからです。

第3章 日本の食

8 そば

❓ こんな質問をされたら？

1 Les *soba*, qu'est-ce que c'est ?

そばとは何ですか？

---

2 Où est-ce qu'on peut en manger ?

どこでそばを食べられますか？

---

3 Quels types de *soba* peut-on manger dans les restaurants spécialisés ?

そば屋にはどんなそばがありますか？

Les nouilles

💬 30秒で、こう答えよう！

1 Les *soba* sont de fines nouilles de farine de sarrasin.

そばは、そば粉でできた細い麺です。

---

2 Les *soba* sont servis dans les restaurants spécialisés.

そば屋という専門店で食べられます。

---

3 Il y a beaucoup de sortes de *soba* mais la meilleure façon d'y goûter, c'est de prendre un *mori-soba* (natures et froides) ou un *ten-zaru* (froides servies avec des tempuras).

いろいろな種類がありますが、そばの繊細さを味わうには、もりそばや天ざるがおすすめです。

9 ラーメン

❓ こんな質問をされたら？

1 Les *râmen*, qu'est-ce que c'est ?

ラーメンとは何ですか？

2 Les *râmen*, c'est à base de quoi ?

ラーメンの材料は何ですか？

3 Quelle est la côte de popularité des *râmen* au Japon ?

ラーメンは日本でどのくらい人気があるのですか？

Les nouilles chinoises

💬 30秒で、こう答えよう！

1 C'est un plat de nouilles servies dans un bouillon. C'est originaire de Chine, mais les Japonais ont fait évoluer la recette selon leur propre goût.

汁にはいった麺料理です。中国が起源ですが、日本のラーメンは独自に味を進化させました。

2 Les nouilles des *râmen* sont faites avec de la farine de blé. Dans le bouillon, on peut mettre divers ingrédients tels que : du poulet, du porc, du poisson, de l'algue, des champignons ou des légumes.

ラーメンの麺は小麦粉で作られています。出汁は、鶏、豚、魚、昆布、キノコ、野菜などさまざまな素材からできています。

3 Les nouilles chinoises sont très populaires, il y a de célèbres restaurants de *râmen* partout dans le Japon. Il y a même de nombreux fanatiques de ce plat qui se rendent très souvent dans les restaurants de *râmen* à succès.

ラーメンは日本で大人気で、全国に有名店があります。有名店を定期的に訪問するような熱狂的なファンが大勢います。

10 カレーライス

? こんな質問をされたら？

1 Le curry japonais, qu'est-ce que c'est ?
日本のカレーって何ですか？

2 Où est-ce qu'on peut en manger ?
どこで食べられますか？

3 Quel genre de curry me recommandez-vous ?
どんなカレーがおすすめですか？

Le riz au curry

💬 30秒で、こう答えよう！

1 Les plats de curry, c'est de la cuisine indienne, mais les Japonais en ont fait un plat à leur façon. Pour faire un riz au curry à la japonaise, on met de la sauce curry sur du riz chaud.

カレーはインド料理ですが、日本人は独自のものを作りました。日本のカレーは蒸した米の上にカレーソースをかけた「カレーライス」として出されます。

2 Il y a beaucoup de restaurants de riz au curry au Japon.

日本には多くのカレーライス専門店があります。

3 Parmi les riz au curry, celui au bœuf est le plus populaire, mais les Japonais l'aiment bien aussi servi avec du porc pané.

ビーフカレーが一番人気ですが、カツカレーも日本人に人気があります。

11 お好み焼き

? こんな質問をされたら？

1　L'*okonomiyaki*, qu'est-ce que c'est ?
お好み焼きとは何ですか？

2　Quels sont les ingrédients du *okonomiyaki* ?
材料は何ですか？

3　Quels sont les différentes sortes d'*okonomiyaki* ?
どんな種類がありますか？

L'okonomiyaki

💬 30秒で、こう答えよう！

1 L'*okonomiyaki* est une sorte de pancake savoureux auquel on ajoute différents ingrédients.

お好み焼きとは生地にさまざまな素材を入れた香ばしいパンケーキのことです。

2 Dans l'*okonomiyaki*, il y a une grande variété de garnitures tels que du poisson haché, de la viande ou des légumes coupés menus.

お好み焼きには、さいの目に刻まれた魚介や肉から、みじん切りにされた野菜など、実に幅広いトッピングがあります。

3 Dans la région d'Hiroshima, on ajoute aux nombreux ingrédients des nouilles sautées.

広島のお好み焼きは、多くの素材に加えて、焼きそばも入ります。

12 どんぶりもの

❓ こんな質問をされたら？

1 Les *donburi*, qu'est-ce que c'est ?
丼とは何ですか？

2 Quelles sortes de *donburi* existe-t-il ?
どんな種類がありますか？

3 Un *oyako-don*, qu'est-ce que c'est ?
親子丼とは何ですか？

Les donburi

30秒で、こう答えよう！

1 Les *donburi* (un bol de riz garni), c'est le fast-food à la japonaise.

丼は日本で人気のファーストフードです。

2 Les *donburi* les plus populaires sont ceux aux œufs et au poulet, au porc pané, aux tempuras ou au bœuf.

人気の丼料理は、親子丼、カツ丼、天丼、牛丼です。

3 Un *oyako-don*, c'est un bol de riz sur lequel on a mis de la viande de poulet recouverte d'oignons et d'omelette.

親子丼は鶏肉をのせ、玉ねぎと卵でおおった丼です。

13 弁当

❓ こんな質問をされたら？

1 Un bento, qu'est-ce que c'est ?

弁当とは何ですか？

2 Où est-ce qu'on peut en manger ?

どこで食べられますか？

3 Un *ekiben*, qu'est-ce que c'est ?

駅弁とは何ですか？

Le bento

 30秒で、こう答えよう！

1 Un bento, c'est une lunch box.

弁当とは箱に入れたランチのことです。

---

2 À l'heure du déjeuner, de nombreux restaurants hauts de gamme proposent des repas de type *kaiseki* dans une boite laquée.

高級和食店のなかには、昼食時に美しく仕上げたミニ懐石料理を漆塗りの箱に入れて出すところもあります。

---

3 Un *eki-ben* (littéralement "bento de gare") c'est un bento qu'on peut acheter à la gare. Il est garni de spécialités locales.

駅弁とは列車の駅で売られている弁当のことで、地元の特産物が入っています。

14 梅干し・わさび・鰹節

❓ こんな質問をされたら？

1 Les *ume-boshi*, qu'est-ce que c'est ?

梅干しとは何ですか？

---

2 Le wasabi, qu'est-ce que c'est ?

わさびとは何ですか？

---

3 Le *katsuobushi*, qu'est-ce que c'est ?

鰹節とは何ですか？

Les prunes salées · Le wasabi · La bonite séchée

💬 30秒で、こう答えよう！

1 Les *ume-boshi* sont des prunes salées qui ont été marinées dans du vinaigre. C'est très acide et bon pour la santé.

梅干しは、梅の実を漬けたもので、とても酸っぱく健康にいいものです。

2 Le wasabi, c'est du raifort japonais. C'est en général, servi avec du poisson cru car il a des vertues antibactériennes.

わさびとは日本のホースラディッシュのことで、殺菌作用があるのでふつうは刺身についてきます。

3 Le *katsuobushi*, c'est de la bonite séchée et fumée. Elle a été râpée ou coupée en tranche, on en met dans les soupes et plusieurs plats typiques.

鰹節は干して燻したカツオのことで、削ったり細切りにして、汁物の出汁や多くの料理の味付けに使います。

15 お茶

? こんな質問をされたら？

1. Est-ce que c'est vrai que le thé est gratuit dans les restaurants au Japon ?

   日本のレストランではお茶が無料で振る舞われるって本当ですか？

2. Est-ce que les Japonais boivent du thé vert en d'autres occasions qu'à la cérémonie du thé ?

   茶道以外でも日本人は抹茶を飲むのですか？

3. Où est-ce qu'on peut en trouver?

   緑茶はどこで手に入りますか？

Le thé

💬 30秒で、こう答えよう！

1 Oui, c'est vrai. Ce que les Japonais appellent "*ocha*", c'est généralement du thé vert, et comme l'eau, c'est gratuit.

> 本当です。日本人はグリーンティーのことをお茶といい、レストランではふつう水のように無料です。

2 Pour la cérémonie du thé, on utilise du *matcha* (de la poudre de thé vert moulu), c'est différent de ce qu'on boit au quotidien.

> 茶会で点てられるお茶は抹茶という粉末状のもので、日常出されるお茶とは違います。

3 Ces derniers temps, les Japonais boivent du thé glacé en bouteille. On peut en trouver dans les distributeurs automatiques.

> 昨今、日本人はペットボトルに入った冷たいお茶を飲みますが、これは自動販売機で買えます。

16 和菓子

❓ こんな質問をされたら？

1 Un *wagashi*, qu'est-ce que c'est ?

和菓子とは何ですか？

---

2 L'*anko*, qu'est-ce que c'est ?

餡子とは何ですか？

---

3 Quel est le *wagashi* le plus populaire au Japon ?

日本でいちばん人気のある和菓子は何ですか？

Les wagashi

💬 30秒で、こう答えよう！

1 Un *wagashi*, c'est un gâteau japonais traditionnel. Joli et sophistiqué, le *wagashi* ne manque jamais à la cérémonie du thé.

和菓子とは伝統的な日本のお菓子のことです。洗練され、きれいに仕上げられた和菓子は、茶会の儀式には欠かせないものです。

2 L'*anko*, c'est la pâte d'azuki (haricot rouge) traditionnelle.

餡子とは日本の伝統的な小豆の餡のことです。

3 Le *sembei* est le *wagashi* le plus populaire. Le *sembei* est un gâteau au riz soufflé, le goût est un peu relevé.

煎餅が最も人気のある和菓子です。煎餅は米粉と味付けのための材料で作られています。

17 酒

❓ こんな質問をされたら？

1 Le saké, qu'est-ce que c'est ?

酒とは何ですか？

2 Est-ce qu'il est normal de remplir le verre des autres au Japon ?

日本ではお酒を注いであげるのが普通なのですか？

3 *Kampai*, qu'est-ce que ça veut dire ?

「乾杯」とは何ですか？

Le saké

 30秒で、こう答えよう！

1 Le saké, c'est l'alcool traditionnel du Japon. Il est fabriqué à partir de riz.

酒は米からできた日本の伝統的なアルコールです。

2 Si vous prenez un verre avec des amis japonais, la tradition veut que chacun verse le saké ou la bière dans le verre de l'autre.

日本人の友人と一緒であれば、酒やビールを相手のコップに注いであげるのはふつうのことです。

3 *Kampai*, c'est comme "santé" en français. On le dit quand on porte un toast.

乾杯とは仏語でいう「Santé」のことです。祝杯をあげるときにいいます。

18 焼酎

? こんな質問をされたら？

1 Le *shôchu*, qu'est-ce que c'est ?

焼酎とは何ですか？

2 Comment bien le déguster ?

焼酎はどのように飲めばいいのですか？

3 L'*awamori*, qu'est-ce que c'est ?

泡盛とは何ですか？

Le shôchû

 30秒で、こう答えよう！

1 Le *shôchû*, c'est de l'alcool distillé à base de riz, de blé, de patates ou de sucre.

焼酎は日本の蒸留酒で、米、麦、芋、黒糖などから造られています。

2 Il se boit nature avec de la glace, mais récemment les cocktails à base de *shôchû* sont devenus à la mode. Il se mélange très bien avec du thé vert ou du jus de fruit frais au citron ou au pamplemousse.

オンザロックで飲めますが、最近では焼酎カクテルがたくさん生み出されています。レモンやグレープフルーツといった新鮮な果実やお茶で割ってもいけますよ。

3 L'*awamori*, c'est un célèbre *shôchû* produit à Okinawa, il est presque toujours fabriqué à partir d'un riz indien importé de Thaïlande.

泡盛は沖縄で造られる有名な焼酎で、ほとんどがタイから輸入されたインディカ米で造られます。

第4章

日本の風物

1 花見

? こんな質問をされたら？

1. Pourquoi les Japonais aiment tant aller admirer les fleurs de cerisiers ?

   なぜ日本人は花見がこれほど好きなのですか？

2. Le *sakura zensen*, qu'est-ce que c'est ?

   「桜前線」とは何ですか？

3. Comment se nomme cette tradition de pique-niquer sous les cerisiers ?

   桜の下で宴会する習慣を何というのですか？

Le hanami

 30秒で、こう答えよう！

1 Parce que les fleurs de cerisiers fleurissent et fânent aussitôt, elles symbolisent le caractère éphèmère du monde.

なぜかというと、咲いたと思えばすぐに散る、そんな桜は浮世の儚さを象徴するものとみなされているからです。

2 Le *Sakura zensen* désigne le front de floraison des cerisiers. Il annonce ainsi l'arrivée du printemps se déplaçant du sud vers le nord.

桜前線とは、桜が開花する前線のことです。それは南から北上してくる春の到来を告げてくれます。

3 Cette tradition se nomme *hanami* en japonais, cela fait près de 400 ans que la population japonaise se distrait ainsi.

この習慣は日本語で花見といわれ、約400年前に一般庶民の娯楽として広まりました。

2 満員電車

❓ こんな質問をされたら？

1 Les fameuses heures de pointe tokyoïtes, c'est quand ?

東京の悪名高い朝のラッシュアワーはいつですか？

2 Jusqu'à quel point les trains et métros sont-ils bondés ?

電車や地下鉄はどのくらい混雑するのですか？

3 Pourquoi les trains sont bondés jusque tard le soir ?

なぜ電車や地下鉄は夜遅くまで混むのですか？

Les trains bondés

💬 30秒で、こう答えよう！

1 En gros, c'est entre 8 et 9 heures du matin, à cette heure-là, les transports en commun sont bondés.

たいてい午前8時から9時の間に、公共交通はたいへん混み合います。

2 Les Tokyoïtes ont l'habitude de se rendre au travail en étant collés les uns aux autres dans le métro.

東京の人は、ラッシュ時に地下鉄などに押し込まれ、体と体をくっつけながら通勤することに慣れています。

3 Beaucoup de gens rentrent tard chez eux car ils font des heures supplémentaires et qu'ils sortent avec des amis ou collègues après le travail.

というのも、多くの人が、残業したり、仕事終わりに人付き合いをしているから、遅くまで帰宅しないのです。

3 新幹線

❓ こんな質問をされたら？

1 Le *shinkansen*, qu'est-ce que c'est ?

新幹線とは何ですか？

2 À quelle vitesse se déplace-t-il ?

どのくらいの速さですか？

3 Quand est-ce qu'on l'utilise ?

どんなときに使うのですか？

Le shinkansen

 30秒で、こう答えよう！

1 Le *shinkansen*, c'est le nom du train à grande vitesse japonais et de son réseau. En raison de sa forme, le *shinkansen* est parfois appelé "train obus".

新幹線とは日本の高速列車網とそこを走る列車の名称です。新幹線はその姿形からよく弾丸列車と呼ばれます。

2 Le *shinkansen* avance à une vitesse de 300 km/h. Autrement dit, il faut 5 heures pour faire Tokyo-Fukuoka.

新幹線は時速 300 キロで走ります。たとえば、東京と福岡を約 5 時間で結びます。

3 C'est particulièrement pratique de l'utiliser pour aller à Tokyo, Nagoya, Kyoto et Osaka. La fréquence des trains est de 15 minutes.

特に便利なのが、東京、名古屋、京都、大阪間の移動に新幹線を利用することです。というのも、これらの都市間へは 15 分間隔で便があるからです。

4 電子マネー

? こんな質問をされたら？

1. Est-ce qu'il existe un système d'abonnement pour les transports en commun ?

   公共交通を使うときに定期券のようなものはありますか？

2. Comment ça s'achète ?

   どうやって買うことができますか？

3. Est-ce qu'on peut utiliser ces cartes dans tout le Japon ?

   日本中どこでも使うことができますか？

Les cartes rechargeables

💬 30秒で、こう答えよう！

1 Pour un abonnement aux transports en commun, les cartes rechargeables sont très pratiques. À Tokyo, il existe deux types de cartes rechargeables PASMO ou Suica.

公共交通機関を定期的に利用する場合、プリペイドカードを利用するのが便利です。東京では、Suica と PASMO の2種類のカードが使われています。

2 Les étrangers aussi peuvent se faire faire une carte PASMO ou Suica, il leur suffit de verser un montant de 500 yens aux kiosques des gares ou au *midori no madoguchi* ("le guichet vert" des réservations dans les gares JR).

外国から来た人も、駅のキオスクや切符を予約する「緑の窓口」で 500 円の供託金を支払い、PASMO や Suica を購入できます。

3 À Osaka ou dans d'autres grandes villes, il y a des cartes similaires à PASMO ou Suica. Mais PASMO et Suica ne sont pas limitées à la région de Tokyo et peuvent être utilisées dans d'autres grandes villes.

大阪など大都市には、PASMO と Suica と同じようなカードがあります。PASMO と Suica は東京地区限定ではなく、東京以外の大都市でも使用できます。

5 デパ地下

❓ こんな質問をされたら？

1 Un *depa-chika*, qu'est-ce que c'est ?

「デパ地下」とは何ですか？

2 Qu'est-ce qu'on y vend ?

何が売られていますか？

3 Pourquoi est-ce que ça a autant de succès ?

なぜそんなに人気があるのですか？

Au sous-sol des grands-magasins

💬 30秒で、こう答えよう！

1. Le sous-sol des grands-magasins, on appelle ça "*depa-chika*" (c'est une abbréviation japonaise de "*depaato*" qui signifie "grand magasin" et de "*chika*" qui signifie "sous-sol").

    デパートの地下のフロアを「デパ地下」といいます（文字どおり、デパートの地下の略称です！）。

2. Au sous-sol des grands-magasins japonais, on trouve une grande variété de nourriture et de boissons alcoolisées. En plus, ces endroits sont très bien approvisionnés en pâtisseries japonaises comme occidentales.

    そこでは、日本をはじめ世界中から取り寄せたさまざまな食料品やアルコールを購入することができます。そのうえ、和洋の伝統的なお菓子も揃っています。

3. Parce qu'il y a des plats préparés haut de gamme et les gens pressés y cherchent de quoi dîner.

    多くの食品はすぐに食べることができ、高品質なので、忙しい人たちはよくデパ地下で夕食の惣菜を求めます。

第4章 日本の風物

6 コンビニ

❓ こんな質問をされたら？

1 Combien y-a-t-il de *combini* dans Tokyo ?

東京にはどれくらいコンビニがあるのですか？

2 Qu'est-ce qu'on peut y acheter ?

コンビニでは何が買えますか？

3 Est-ce que c'est ouvert 24H/24 ?

24時間営業ですか？

Les supérettes

💬 30秒で、こう答えよう！

1 À Tokyo, il y a des milliers de *combini*. En général, à Tokyo, il faut moins de 5 minutes à pied pour en trouver un.

東京には数千のコンビニがあります。東京では普通、コンビニまで5分もかかりません。

2 À la supérette, en plus de la nourriture comme les sandwichs, les *onigiri* (des boulettes de riz) ou les bento, on trouve des produits du quotidien comme des stylos, des brosses à dents ou des piles.

コンビニでは、サンドイッチ、おにぎり、弁当などの食料が売られているだけでなく、ボールペン、歯ブラシ、電池といった日常品も売られています。

3 Presque toutes les supérettes sont ouvertes sept jours sur sept, 24 heures sur 24.

ほとんどのコンビニが年中無休24時間営業です。

7 温泉

? こんな質問をされたら？

1 Qu'est-ce que c'est, un *onsen* ?

温泉とは何ですか？

2 Est-ce que les *onsen* sont bons pour la santé ?

温泉は健康にいいのですか？

3 Où est-ce que je peux essayer le *onsen* ?

どこで温泉を体験できますか？

Les sources thermales

💬 30秒で、こう答えよう！

1 Le mot *onsen* désigne au Japon les nombreuses sources chaudes. Comme le Japon est un archipel volcanique, on en trouve partout dans le pays.

ホットスプリングのことを日本では温泉といいます。日本は火山列島なので、温泉は全国にあります。

2 Oui, suivant la région, les *onsen* comportent différentes sortes de minéraux.

そうです。温泉には地域によって、さまざまな種類のミネラルが含まれているのです。

3 Le plus souvent, on se baigne dans un *onsen* quand on passe la nuit dans une auberge traditionnelle.

多くの場合、旅館に泊まって温泉を楽しみます。

8 旅館

? こんな質問をされたら？

1 Qu'est-ce que c'est, un *ryokan* ?

旅館とは何ですか？

2 Est-ce qu'on peut manger dans un *ryokan* ?

旅館では食べ物が出されますか？

3 En quoi sont-ils différents des hôtels classiques ?

通常のホテルとどこが違うのですか？

Les auberges traditionnelles

💬 30秒で、こう答えよう！

1 Un *ryokan* est une auberge traditionnelle japonaise. En y passant la nuit, vous pourrez apprécier les loisirs et le confort traditionnels japonais.

旅館とは伝統的な日本の宿泊所のことです。旅館では和室で日本式の娯楽を楽しむことができます。

2 Dans la plupart des *ryokan*, le dîner et le petit déjeuner sont inclus dans le prix d'une nuit. En général, on y sert de la cuisine traditionnelle japonaise.

多くの旅館では、夕食と朝食は（宿泊代に）含まれています。一般的に、伝統的な和食が振る舞われます。

3 La plupart du temps, quand on passe la nuit dans un *ryokan*, on dort sur un futon, qui est le couchage traditionnel japonais. Le futon sera installé dans votre chambre par un employé du *ryokan*.

ほとんどの場合、旅館では伝統的な日本の寝具である布団で寝ることになります。布団は旅館の従業員が部屋に敷いてくれます。

9 居酒屋

❓ こんな質問をされたら？

1 Qu'est-ce que c'est, un *izakaya* ?

居酒屋とは何ですか？

2 Quelle est l'atmosphère d'un *izakaya* ?

居酒屋の中はどんな感じですか？

3 Qu'est-ce qu'on peut y boire ?

どういったものが飲めますか？

Les brasseries japonaises

💬 30秒で、こう答えよう！

1 Un *izakaya* est l'équivalent du bar ou du pub des pays occidentaux. Les travailleurs y viennent partager un verre et un repas léger avec leurs collègues à la fin de leur journée.

居酒屋とは、西洋でいうところの「バー」や「パブ」に当たります。仕事帰りに勤労者たちが立ち寄り、同僚とお酒や軽食を楽しむのです。

2 Les *izakaya* ont un intérieur de style traditionnel. En général, on y trouve un comptoir où un à deux clients peuvent s'asseoir pour boire. Des tables sont prévues pour les groupes plus nombreux. Dans certains commerces, on s'assoit sur des coussins.

居酒屋には伝統的な室内装飾が施され、ふつうは、一人客や二人客が酒を飲むために木製のカウンターがあり、グループ客にはテーブル席が用意されます。座敷のある店もあります。

3 On y trouve une large sélection de boissons. On y boit le plus souvent de la bière à la pression, mais il y a aussi des *izakaya* spécialisés dans le saké ou le *shôchû*.

飲み物ははば広く揃えられています。通常、樽から注がれる生ビールはもちろんのこと、なかには日本酒や焼酎に特化した居酒屋もあります。

10 だるま

? こんな質問をされたら？

1 Qu'est-ce que c'est, un *daruma* ?

だるまとは何ですか？

2 Pourquoi sont-ils si populaires ?

なぜ人気があるのですか？

3 D'où vient le nom *daruma* ?

「だるま」という名前の由来は？

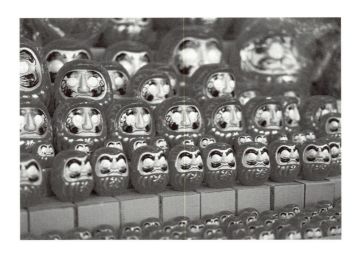

Les daruma

 30 秒で、こう答えよう！

1 Les *daruma* sont des poupées rondes, sans bras ni jambe, faites en bois, en plastique, en pierre ou en papier mâché sur structure de bambou. On en trouve dans tout le Japon.

手足や首のないだるまは、木やプラスティックや石、または竹棒を用いた張り子でつくる人形で、日本各地で目にします。

2 C'est parce qu'ils symbolisent la persévérance aux yeux des Japonais. Comme la plupart des *daruma* ont une base arrondie et lestée, ils se relèvent toujours quand on les renverse.

なぜなら、日本人はだるまを不屈の精神を表すものと見なしているからです。だるまの多くは、底が重くて丸い形をしているので、倒しても必ず起き上がるのです。

3 Ce nom a pour origine celui du moine bouddhiste indien Boddhidharma, fondateur du bouddhisme zen.

名前の由来は、インドの禅僧で禅宗の開祖、菩提達磨(ぼだいだるま)です。

11 招き猫

❓ こんな質問をされたら？

1 Qu'est-ce que c'est, cette décoration en forme de chat avec une patte levée ?

あの手を挙げている猫の飾りは何ですか？

2 À quoi servent-ils ?

なぜ飾られているのですか？

3 Y a-t-il une différence entre ceux qui lèvent la patte droite, et ceux qui lèvent la patte gauche ?

右手をあげているのと左手をあげているのと違いがあるのですか？

Les maneki-neko

💬 30秒で、こう答えよう！

1 C'est un *maneki-neko*. Ils sont faits en argile, en porcelaine, en papier maché, en bois ou en plastique.

招き猫です。粘土、磁器、張り子、木、プラスティックなどからできています。

2 Ce sont des porte-bonheurs, censés attirer la fortune sur les commerces et les restaurants. On les trouve aussi dans l'entrée des maisons, en signe de bienvenue pour les visiteurs.

なぜなら、開運のお守りとして、商店やレストランに商売繁盛を招くと信じられているからです。訪問客を歓迎する印として、一般家庭の玄関にもよく置かれています。

3 Les *maneki-neko* qui lèvent la patte droite sont supposés attirer la fortune dans le commerce, et ceux qui lèvent la patte gauche accueillent les visiteurs ou les clients.

右の前脚をあげている招き猫は金運を、左の前脚をあげている招き猫は客を招くとされています。

12 タクシー

❓ こんな質問をされたら？

1 Est-ce que les taxis japonais sont sûrs ?

日本のタクシーは安全ですか？

2 Où est-ce que je peux appeler un taxi ?

どこでタクシーを拾えますか？

3 Comment savoir si un taxi est libre ?

どうしたらタクシーが空車かどうかわかりますか？

Les taxis

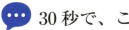 30秒で、こう答えよう！

1 Les prix des taxis sont mesurés automatiquement selon la distance du trajet, il n'y a donc aucun risque de surfacturation.

タクシーの料金は距離に応じたメーター制なので、過剰請求される心配はありません。

2 Vous pouvez appeler un taxi quasiment partout en levant la main. Dans les quartiers comme Ginza, les taxis attendent les clients en faisant la queue dans des stations de taxi.

タクシーは、一部の地区を除いて、どこでも手をあげれば乗ることができます。銀座などでは、タクシーはタクシー乗り場に並んでいます。

3 Un signal lumineux dans le coin du pare-brise avant indique si le taxi est libre ou pas. S'il est rouge, le taxi est libre.

フロントウインドウの角にある空車表示灯でそのタクシーが空車か否かがわかります。表示が赤のときは空車です。

13 オタク文化

❓ こんな質問をされたら？

1 Qu'est-ce que c'est, la culture *otaku* ?

オタク文化とは何ですか？

---

2 Est-ce que cette culture est très répandue ?

オタク文化はどれくらい広まっているのですか？

---

3 Qu'est-ce que ça veut dire à l'origine, "*otaku*" ?

「オタク」の本来の意味は何ですか？

La culture otaku

💬 30秒で、こう答えよう！

1 On appelle "culture *otaku*" la culture pop japonaise telle qu'elle s'incarne dans l'animation, les mangas, et dans le style de vie des jeunes.

オタク文化は、アニメ、マンガといった日本のポップカルチャーや若者のライフスタイルの象徴です。

2 Comme cette culture s'est développée à l'âge de l'informatique, elle s'est répandue dans le monde entier à la suite des mangas.

オタク文化は日本のコンピュータ世代が生み出した文化で、マンガが知られるようになると、世界にも広がっていきました。

3 À l'origine, le mot *otaku* signifie "chez vous". Autrefois, il était impoli d'appeler son interlocuteur par son nom. On s'adressait donc aux autres en désignant le lieu ou la direction d'où ils venaient. Cette habitude a longtemps survécu chez les fans de culture *otaku*.

オタクのもともとの意味は、"あなたの家"です。昔は、相手のことを名前で呼ぶのは失礼だとされていました。その代わりに場所ややってきた方向で、互いを呼びました。この習慣がオタク文化ファンに広まったのです。

第4章 日本の風物

14 コスプレ

❓ こんな質問をされたら？

1 Qu'est-ce que c'est, le *cosplay* ?

コスプレとは何ですか？

2 Comment le *cosplay* s'est-il diffusé dans le monde entier ?

どうやってコスプレは世界中で人気になったのですか？

3 Où se trouve la Mecque du *cosplay* ?

コスプレの聖地はどこですか？

Le cosplay

💬 30秒で、こう答えよう！

1 Le *cosplay* est une activité qui consiste à porter des costumes et à se maquiller pour incarner un personnage de dessin animé, de jeu vidéo ou de manga.

コスプレとは、アニメ、ゲーム、マンガなどのキャラクターを真似て、コスチュームを着て、化粧をしたりすることです。

2 Comme l'animation, les mangas et les jeux vidéo japonais ont du succès dans le monde entier, le *cosplay* à la japonaise s'est lui aussi diffusé dans de nombreux pays.

日本のアニメ、マンガ、コンピュータゲームが世界中の若者に人気があるため、メイドインジャパンのコスプレも多くの国に広まっています。

3 Akihabara, à Tokyo, est le cœur de la culture *otaku* et du *cosplay*.

東京の秋葉原が、オタク、コスプレ文化の中心です。

15 歌謡曲

❓ こんな質問をされたら？

1 Qu'est-ce que c'est, la *J-pop* ?

Jポップとは何ですか？

---

2 Comment la musique populaire a-t-elle évolué au Japon ?

ポップミュージックは、日本でどのように進化したのですか？

---

3 Qu'est-ce que c'est, le *enka* ?

演歌とは何ですか？

La chanson populaire

💬 30秒で、こう答えよう！

1 *J-pop* est l'abbréviation pour "musique populaire japonaise". Elle est aussi très appréciée dans de nombreux autres pays d'Asie.

Jポップは、ジャパニーズ・ポップ・ミュージックの略で、日本だけでなく、多くのアジアの国々でも人気があります。

2 Après la Seconde Guerre mondiale, de nombreux styles de musique ont été introduits au Japon, et se sont mélangés avec la musique populaire locale.

第二次世界大戦後、多くのポップミュージックが日本に紹介され、日本にある昔からの音楽と結びつきました。

3 Le *enka* est un genre de musique populaire japonaise emprunté du folklore traditionnel local. Les chansons de *enka* ont souvent pour sujet l'amour, la passion, et l'âme japonaise.

演歌は、大衆音楽のジャンルのひとつで、日本古来の民謡の影響があります。演歌で歌われるのは、愛、情念、日本の心などです。

第5章

日本の伝統文化

1 歌舞伎

❓ こんな質問をされたら？

1 Qu'est-ce que c'est, le kabuki ?

歌舞伎とは何ですか？

2 Pourquoi des acteurs mâles jouent-ils aussi bien les rôles masculins que les rôles féminins ?

なぜ男性の役者が男も女も演じるのですか？

3 Où puis-je regarder une pièce de kabuki ?

どこで歌舞伎を鑑賞できますか？

Le kabuki

💬 30秒で、こう答えよう！

1 Le kabuki est un art théâtral qui s'est développé au Japon durant la période d'Edo.

歌舞伎は江戸時代に発展した日本の舞台芸術です。

2 À l'origine, ce sont des femmes qui jouaient le kabuki, mais le gouvernement des shogun leur a interdit le métier d'acteur, sous prétexte que leur performance était une provocation sexuelle.

本来、歌舞伎は女性が演じるものでしたが、幕府が、性的な挑発になるということで、女性が演じることを禁止したのです。

3 À Tokyo, on peut voir des pièces de kabuki au Kokuritsu Gekijo, ou Théâtre National, et à Kabuki-za. Dans les deux cas, on peut bénéficier de traductions en anglais.

東京で歌舞伎が行われるのは国立劇場か歌舞伎座ですが、英語の翻訳付きで楽しむことができます。

第5章 日本の伝統文化

2 能

❓ こんな質問をされたら？

1 Qu'est-ce que c'est, le nô ?

能とは何ですか？

2 Quelles sont les caractéristiques du nô ?

能の特徴は？

3 Qu'est-ce que c'est, ce masque porté par les acteurs ?

能楽師がつけている面は何ですか？

Le nô

 30秒で、こう答えよう！

1 Le nô est une forme ancienne de théâtre au Japon. Il mêle des formes de danse, de comédie, et de performance théâtrale datant du moyen-âge.

能は日本の古典的な舞台演劇です。能は猿楽から発展した、中世の踊り、コメディ、舞台劇などが混ざったものです。

2 Le nô est connu pour la lenteur de ses mouvements minimalistes. Pour beaucoup, ce minimalisme traduit le raffinement du théâtre nô.

能は、最小限のゆっくりとした動きで行われる舞台芸術です。多くの人は能はそのミニマリズムゆえに、洗練されていると言います。

3 On l'appelle *nô-men*. Les acteurs de nô peuvent produire toutes sortes d'expressions faciales avec ces masques en changeant leur orientation, par des jeux d'ombre.

能面といいます。能の役者は面をつけ、面の角度による光や影を利用して、様々な顔の表情を作り出します。

3 狂言

? こんな質問をされたら？

1 Qu'est-ce que c'est, le *kyôgen* ?

狂言とは何ですか？

2 En quoi diffère-t-il du nô ?

狂言は能とどのように違うのですか？

3 Quelles sont les caractéristiques du *kyôgen* ?

狂言の特徴とは？

Le kyôgen

💬 30秒で、こう答えよう！

1 On appelle *kyôgen* les intermèdes comiques qui sont jouées entre les pièces de nô.

狂言は能の演目の間に演じられる滑稽劇です。

2 Contrairement au nô, le *kyôgen* est générallement joué sans porter de masque.

能と違って、ほとんどの狂言は面を着けることはありません。

3 Le *kyôgen* est basé sur des histoires de la vie de tous les jours, et les acteurs y utilisent un langage familier.

狂言は日常生活のよくある話がベースで、役者も口語で話します。

第5章 日本の伝統文化

4 いけばな

❓ こんな質問をされたら？

1 Qu'est-ce que c'est, l'ikebana ?

いけばなとは何ですか？

2 Quelles sont les caractéristiques de l'ikebana ?

いけばなの特徴は？

3 Quelle est le plus grand courant d'ikebana du Japon ?

日本最大のいけばなの流派は？

L'ikebana

💬 30秒で、こう答えよう！

1 L'ikebana désigne l'art traditionnel japonais de l'arrangement floral. On l'appelle aussi *kadô*.

いけばなは日本の伝統的なフラワーアレンジメントのことです。いけばなのことを華道ともいいます。

2 On dit que l'ikebana est un art de l'espace, car il consiste à arranger harmonieusement les lignes des fleurs et l'espace qui les sépare.

いけばなが空間の芸術と言われるのは、空間と花のラインを組み合わせるものだからです。

3 L'école Ikenobo est le plus grand courant d'ikebana du pays.

池坊が、日本最大の華道の流派です。

5 茶道

❓ こんな質問をされたら？

1 Qu'est-ce que c'est, le *sadô* ?

茶道とは何ですか？

2 À quoi sert, le *sadô* ?

茶道の目的は？

3 Y a-t-il des règles spéciales à respecter durant la cérémonie du thé ?

茶道の礼儀には特別な決まりがあるのですか？

La cérémonie du thé

💬 30秒で、こう答えよう！

1 *Sadô* est le nom de la cérémonie du thé traditionnelle, durant laquelle on prépare et on déguste le breuvage selon un minutieux rituel.

茶道は伝統的な儀式で、そこでは茶を点てて楽しみます。

2 La cérémonie est du thé est un art qui vise à créer une atmosphère raffinée, afin d'accueillir dignement un visiteur.

茶道は大切な客をもてなすために、洗練された雰囲気をつくり出すための芸術です。

3 Tous les mouvements durant la cérémonie répondent à des règles très complexes. Elles concernent aussi bien la manière de marcher, de bouger les mains, et de s'asseoir.

礼儀に適った茶道の所作は複雑です。歩き方、手の動かし方、座り方などに及びます。

第5章　日本の伝統文化

Chronique 茶の湯

Les ustensiles à thé 茶道具

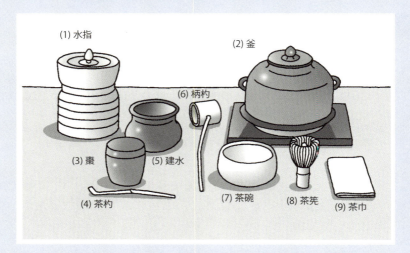

(1) *mizusashi,* le pot à eau

(2) *kama,* la marmite

(3) *natsume,* la boite à thé en bois laqué (le nom japonais et la forme font référence au jujube)

(4) *chashaku,* l'écope à thé utilisée pour transférer le thé de la boîte vers le bol

(5) *kensui,* le récipient à eau usagée

(6) *hishaku,* la longue louche de bambou

(7) *chawan,* le bol à thé

(8) *chasen,* le fouet en bambou qui sert à mélanger le matcha et l'eau chaude

(9) *chakin,* la serviette blanche en lin ou en chanvre utilisée pour nettoyer le bol

La cérémonie du thé

La pièce pour la cérémonie du thé 茶室

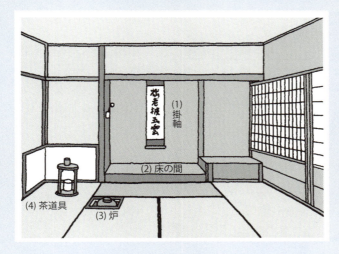

- (1) *kakejiku,* le rouleau décoratif vertical en soie ou papier
- (2) (5) *tokonoma,* l'alcôve
- (3) (6) *ro,* le foyer
- (4) *chadogu,* les ustensiles à thé
- (7) *mizuya,* le coin cuisine
- (8) *tsuginoma,* salon "d'après-cérémonie"
- (9) *iriguchi,* l'entrée des clients
- (10) *kamiza,* la place d'honneur
- (11) *shimoza,* la place pour clients de rang inférieur

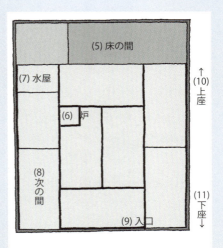

La mise en place　席入りの手順

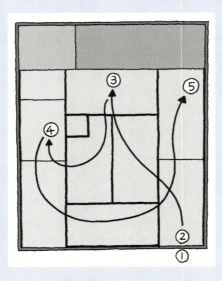

① 入り口の襖を開け、扇子を前に置いて、かるく会釈

On ouvre la porte coulissante, on pose son éventail devant soi et on salue légèrement.

② にじって敷居を越す

On franchit le pas de la porte en restant sur les genoux.

③ 床正面に座り、かるく手をついて掛物を拝見

On s'assoit devant l'alcôve, les mains légèrement posées sur le tatami, et on admire le panneau décoratif.

④ 道具畳に座り、釜、炉縁を拝見

On s'assoit devant le matériel nécessaire à la préparation du thé, puis on admire le foyer et sa marmite.

⑤ 正客の座に進み、足を揃えて座る

On s'installe face à son client en s'asseyant bien sur les genoux.

⑥ 亭主を迎え、挨拶をする

On salue son hôte en s'inclinant.

La préparation du thé　お茶を点てる

① 入り口に座り、一礼

On s'assoit à l'entrée et on salue.

② 炉の前に座り、茶道具を揃える

On s'assoit devant le foyer, bien face aux ustensiles.

③ 茶碗、茶筅を前に置く

On place le bol à thé et le fouet face à soi.

④ いちど茶碗にお湯を入れ、建水に捨ててから、茶碗を拭く

On verse de l'eau chaude dans le bol à thé, puis on la jette dans le recipient prévu à cet effet et on essuie son bol.

⑤ お茶を2杓すくい、茶碗に入れる

On met deux cuillères de thé dans le bol.

⑥ 柄杓でお湯を茶碗に入れる

Avec l'aide de la louche, on verse l'eau chaude dans le bol.

⑦ お茶を点てる

On fouette le tout.

⑧ 茶碗の正面を客に向けて出す

Face à son client, on lui tend le bol.

La dégustation du thé お茶の飲み方

① お茶が出されると、茶碗をとって、膝前に仮置きする

Quand le thé est servi, on s'en approche en restant toujours à genoux face au bol.

② 正客の座に戻り、茶碗を次客との間において。「お先に」と次礼する

On retourne à sa place et on pose le bol entre le client suivant et soi-même. On dit "o-sakini" qui signifie "avant vous".

③ 茶碗をとり、感謝の気持ちを込めておしいだく

On prend le bol en toute sérénité et chargé d'un sentiment de gratitude.

④ 茶碗を手前に2度回して、正面を左横に向けて、3口半ほどで飲みきりする

On tourne le bol en deux fois, la face dirigée vers la gauche et on déguste son thé en trois gorgées.

⑤ 飲み口を親指と人差し指で左から右へ拭く

Avec le pouce et l'index, là ou nos lèvres se sont posées, on essuie le bol de la gauche vers la droite.

⑥ 茶碗を拝見する

On admire le bol.

⑦ 茶碗の正面を向こうに回してから返す

On fait tourner une nouvelle fois le bol sur lui-même, on le remet à sa place et on retourne s'asseoir auprès des autres clients.

6 相撲

❓ こんな質問をされたら？

1 Qu'est-ce que c'est, le sumo ?

相撲とは何ですか？

2 Pourquoi les lutteurs de sumo jettent-ils du sel ?

なぜ関取は塩をまくのですか？

3 Pourquoi les lutteurs de sumo frappent-ils la piste du pied ?

なぜ関取は四股を踏むのですか？

Le sumo

 30秒で、こう答えよう！

1 Le sumo est une forme de lutte traditionnelle japonaise. Il s'est développé à l'origine comme une forme rituelle de pugilat visant à rendre grâce aux divinités.

相撲とは、日本の伝統的なレスリングのことです。相撲はいろいろな神を崇拝するための特別な取組として発展しました。

2 Les lutteurs jettent du sel sur la piste, nommée "*dohyô*", pour éloigner les esprits maléfiques.

土俵の上で、力士は塩を投げ、邪悪なものを取り払います。

3 Les lutteurs frappent la piste du pied afin d'enterrer dans les profondeurs les vents mauvais porteurs de mauvaise fortune.

土俵上で、力士は四股を踏みますが、これは病気や不幸などの悪い気を地下に押し込めるためです。

7 盆栽

❓ こんな質問をされたら？

1 Qu'est-ce que c'est, les bonsaïs ?

盆栽とは何ですか？

---

2 Quelles sont les caractéristiques des bonsaïs ?

盆栽の特徴とは？

---

3 Pourquoi le bonsaï est-il si populaire auprès des personnes âgées ?

なぜ盆栽は高齢者の間で人気があるのですか？

Les bonsaïs

 30秒で、こう答えよう！

1. La culture des bonsaïs consiste à faire pousser des arbres nains en pot. C'est un savoir-faire très intéressant, qui consiste à combiner manipulation et respect de la nature.

   盆栽とは、ミニチュア鉢植え栽培のことです。自然そのものへの敬意を促す一方で自然を操る、興味深い融合の世界です。

2. Le concept du bonsaï est de créer des arbres en miniature tout en respectant parfaitement leurs inclinations naturelles.

   木々の小型版をつくりあげるという発想のもと、完全に自然な趣をかもし出します。

3. Comme les bonsaïs peuvent vivre plusieurs centaines d'année, cette image d'immortalité les rend populaires auprès des personnes âgées.

   なぜなら、盆栽は何百年も生き続けるので、この不朽のイメージが年配者層を魅了するのです。

第5章 日本の伝統文化

8 浮世絵

❓ こんな質問をされたら？

1 Pourquoi faisait-on des *ukiyo-e* ?

なぜ浮世絵がつくられたのですか？

2 Qu'est-ce que c'est, les *shunga* ?

春画とは何ですか？

3 Quelles sont les œuvres d'*ukiyo-e* les plus fameuses ?

最も有名な浮世絵作品は何ですか？

142

Les estampes

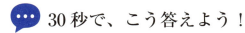

30秒で、こう答えよう！

1 Les impressions d'*ukiyo-e* étaient l'équivalent de nos posters, cartes postales, pin-ups, ou illustrations de livres actuels.

浮世絵版画は、今日の絵葉書、ポスター、ブロマイドや本の挿絵に相当するものだったのです。

2 Les *shunga* étaient des images imprimées érotiques, conçues aussi bien pour divertir que pour instruire.

春画とは、エロティックな版画のことで、娯楽と教育を兼ねたものでした。

3 Les "Cinquante-trois stations du Tôkaidô" de Hiroshige, les "Trente-six vues du Mt Fuji" de Hokusai, les acteurs de kabuki de Sharaku et les beautés d'Utamaro sont particulièrement célèbres.

広重の「東海道五十三次」や北斎の「富嶽三十六景」、写楽の役者絵、歌麿の美人画などが有名です。

第6章

日本の都市

1 東京

❓ こんな質問をされたら？

1 Quelle est la capitale du Japon ?
日本の首都はどこですか？

2 Combien de personnes vivent à Tokyo ?
東京の人口は？

3 Que représente l'économie de Tokyo ?
東京の経済規模は？

Tokyo

💬 30秒で、こう答えよう！

1 C'est Tokyo. Tokyo est le centre des pouvoirs exécutif, législatif, et judiciaire du pays.

東京です。東京はまた、日本の行政、立法、そして司法の中心地でもあります。

2 Treize millions de personnes vivent à Tokyo. Si on inclut les alentours de la métropole, on obtient une population de trente millions d'habitants.

東京には、1300万人の人が住んでいます。東京とその周辺を合わせると、3000万人の人が住んでいます。

3 Le PIB (Produit Intérieur Brut) de la préfecture de Tokyo est environ la moitié du PIB de la Californie.

東京都の都内総生産は、カリフォルニア州の半分です。

2 京都

❓ こんな質問をされたら？

1　Où se trouve Kyoto ?
　　京都はどこにありますか？

2　Quelles sont les aspects remarquables de Kyoto ?
　　京都の知っておくべき特徴は？

3　Quels sont les quartiers conseillés pour une promenade à Kyoto ?
　　京都を散策するのにおすすめの場所は？

Kyoto

 30秒で、こう答えよう！

1. Kyoto se trouve à 460 kilomètres à l'est de Tokyo. Il faut deux heures et quart pour faire le voyage de Tokyo à Kyoto en shinkansen.

   京都は東京の西、460キロのところに位置してます。東京から京都までは、新幹線で2時間15分かかります。

2. Non seulement Kyoto est l'ancienne capitale du pays, mais elle est aussi le cœur de la culture japonaise. On y trouve des temples anciens avec de magnifiques jardins, des sanctuaires, des résidences secondaires, des maisons traditionnelles, et d'innombrables autres vestiges remarquables.

   京都は古都ということだけでなく、日本の文化の中心です。美しい庭のある古い寺、神社、別荘、伝統的な家など、数えきれない名所旧跡が京都にはあります。

3. Dans le quartier historique préservé de Gion, on peut admirer d'anciennes demeures, des maisons de thé, et des restaurants.

   祇園は国の歴史保存地区で、古くからの民家、お茶屋、料理屋などがあります。

3 大阪

❓ こんな質問をされたら？

1 Où se trouve Osaka ?

大阪はどこにありますか？

---

2 Quelles sont les aspects remarquables d'Osaka ?

大阪の特徴は？

---

3 Quel est le centre du commerce à Osaka ?

大阪の繁華街は？

Osaka

💬 30秒で、こう答えよう！

1 La ville d'Osaka se trouve à 550 kilomètres à l'ouest de Tokyo. Il faut deux heures et demie pour se rendre de Tokyo à Osaka en shinkansen.

大阪は東京から550キロ西のところに位置しています。東京と大阪の間は、新幹線で2時間半かかります。

2 Les habitants d'Osaka sont fiers de leur sens de l'humour, et ils ont développé leur propre style comique.

大阪では、自分たちのユーモアのセンスに誇りを持っていて、独特のお笑いエンターテインメントがあります。

3 Le quartier de Namba est le principal centre du commerce à Osaka. Il se trouve au sud de la gare d'Osaka.

難波が大阪最大の繁華街で、大阪駅の南側に位置してます。

4 奈良

? こんな質問をされたら？

1. Où se trouve Nara ?

   奈良はどこにありますか？

2. Quels sont les aspects remarquables de Nara ?

   奈良の特徴は？

3. Qu'est-ce qu'il faut visiter à Nara ?

   奈良のおすすめのスポットは？

Nara

💬 30秒で、こう答えよう！

1 La préfecture de Nara est au centre de la péninsule de Kii. Sa capitale administrative est la ville de Nara. On peut facilement aller à Nara depuis Kyoto. Cela prend environ trente minutes en train.

奈良県は紀伊半島の真ん中あたりに位置し、奈良市が県庁所在地です。奈良は京都から簡単に行けます。電車で京都駅から30分ほどです。

2 Nara est une des plus célèbres villes anciennes du Japon. Elle a été la capitale du pays entre 710 et 792. L'atmosphère y est encore plus relaxante qu'à Kyoto.

奈良は日本でも指折りの歴史の町で、710年から792年の間、都が置かれていたところです。京都と比べると、奈良はかなりリラックスした雰囲気です。

3 Vous devriez visiter le temple Tôdai-ji, construit au huitième siècle de notre ère. Le temple est célèbre pour abriter la plus grande statue en bronze du Bouddha, construite en 752.

奈良では8世紀に建立された東大寺に行くのがよいでしょう。東大寺は、752年に完成した世界最大の銅製の大仏で有名です。

5 広島

? こんな質問をされたら？

1. Où se trouve Hiroshima ?
   広島はどこにありますか？

2. Quels sont les aspects remarquables de Hiroshima ?
   広島の特徴は？

3. Qu'est-ce qu'il faut voir à Hiroshima ?
   広島で見るべきものは？

Hiroshima

💬 30秒で、こう答えよう！

1 La préfecture de Hiroshima se trouve dans la région de Chûgoku, à l'ouest de l'île de Honshu. Il faut quatre heures et demie pour faire le voyage de Tokyo à Hiroshima en shinkansen.

> 広島県は、本州の西に位置する中国地方にあります。東京から広島までは、新幹線で4時間半です。

2 Hiroshima est connue dans le monde entier pour avoir subi le premier bombardement atomique en 1945. Plus de 200 000 personnes ont péri suite à l'explosion de la bombe.

> 広島は、1945年に原爆で破壊されたことから、世界中で知られています。20万人以上の人が広島の原爆で亡くなりました。

3 Il y a deux sites classés au patrimoine mondiale de l'UNESCO à Hiroshima. Le premier est le parc du mémorial de la paix, et le second est le sanctuaire d'Itsukushima.

> 広島県には、世界遺産が2つあります。ひとつは広島平和記念公園で、もうひとつが厳島神社です。

6 福岡

? こんな質問をされたら？

1 Où se trouve Fukuoka ?

福岡はどこにありますか？

2 Quels sont les aspects remarquables de Fukuoka ?

福岡の特徴は？

3 Qu'est-ce qu'il faut voir à Fukuoka ?

福岡で見るべきものは？

Fukuoka

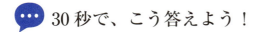 30秒で、こう答えよう！

1. Fukuoka se trouve au nord de l'île de Kyushu, qui est elle-même la plus au sud des quatre îles principales du Japon. Il faut environ cinq heures pour faire le voyage de Tokyo à Fukuoka en *shinkansen*.

   福岡は、日本列島の主要な4島のなかで最南端に位置する九州の北部にあります。福岡まで東京から新幹線で行けます。約5時間です。

2. On peut se rendre dans de nombreux pays d'Asie depuis l'aéroport de Fukuoka. Il y a également un hovercraft qui fait la navette entre Fukuoka et Busan en Corée du Sud.

   福岡空港からは、アジア各地へ飛行機で行くことができます。福岡と韓国の釜山の間には、ホバークラフトが運行しています。

3. Le centre-ville de Fukuoka s'appelle Hakata. Les traditions et l'identité locales y sont parfaitement conservées. Hakata est le centre du commerce à Fukuoka, et chaque été, on y célèbre la fête de Yamagasa.

   福岡の下町、博多には地元気質や伝統が残っています。博多は福岡の商業地域で、山笠という夏祭りもここで行われます。

7 沖縄

? こんな質問をされたら？

1 Où se trouve Okinawa ?

沖縄はどこにありますか？

2 Quelle est l'histoire d'Okinawa ?

沖縄の歴史とは？

3 Quel est le principal problème d'Okinawa aujourd'hui ?

沖縄で今いちばんの問題は何ですか？

Okinawa

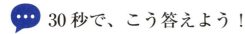 30秒で、こう答えよう！

1 Okinawa se trouve à mi-chemin entre Kyushu et Taïwan. Au sud de l'île s'étend l'archipel des Ryûkyû, qui en compte plus de 160. La préfecture se trouve dans la ville de Naha.

沖縄は九州と台湾の間に位置しています。沖縄は、160の島が連なる琉球諸島の南にあり、その県庁所在地は那覇です。

2 Okinawa était autrefois un pays indépendant appelé royaume des Ryûkyû. En 1945, Okinawa a été attaqué par les Etats-Unis, et a été le lieu d'une terrible bataille.

沖縄はかつては琉球王国という独立国でした。1945年、沖縄はアメリカ軍に攻撃され、激しい戦場となりました。

3 En vertu du traité de sécurité nippo-américain, de nombreuses bases américaines se trouvent à Okinawa. Pour les Japonais, ces bases qui occupent 18% du territoire de l'île sont un sujet politique très clivant.

日米安全保障条約により、沖縄本島にはたくさんの米軍基地があります。日本人にとって、沖縄本島の18%を占める米軍基地の問題は、賛否両論ある政治的関心事です。

8 北海道

❓ こんな質問をされたら？

1 Où se trouve Hokkaïdô ?

北海道はどこにありますか？

---

2 Quels sont les aspects remarquables de Hokkaïdô ?

北海道の特徴は？

---

3 Qu'est-ce qu'il faut voir à Hokkaïdô ?

北海道で見るべきものは？

Hokkaïdô

💬 30秒で、こう答えよう！

1 Hokkaïdô est une des quatre principales îles du Japon, et se trouve au nord de Honshû.

北海道は日本の4つの主な島のうちのひとつで、本州のすぐ北に位置しています。

2 Les hivers sont très froids à Hokkaïdô, et on y trouve de nombreuses stations de sports d'hiver. Sur la côte est, on peut admirer des fragments de banquise qui dérivent le long de la côte.

北海道の冬はとても寒く、スキーリゾートもたくさんあります。北海道の東側の沿岸には大量の流氷が流れ着き、見事です。

3 Sapporo est la capitale et le centre du commerce à Hokkaïdô. Il y a un festival de la neige durant lequel on peut admirer des sculptures de glaces exposées en plein air.

札幌は北海道の道庁所在地であり、商業の中心です。札幌では2月初旬に雪祭りが行われ、野外にディスプレイされた雪の像などを楽しめます。

9 銀座

? こんな質問をされたら？

1 Où se trouve Ginza ?

銀座はどこですか？

2 Quelles sont les aspects remarquables de Ginza ?

銀座の特徴は？

3 Qu'est-ce qu'il faut voir à Ginza ?

銀座の見所は？

Ginza

 30秒で、こう答えよう！

1 Le quartier de Ginza se trouve à Tokyo, dans l'arrondissement Chûô. C'est également le nom d'une station de métro sur les lignes Ginza, Hibiya et Marunouchi.

銀座は東京都の中央区にあります。銀座には銀座線、日比谷線、丸ノ内線などの地下鉄が停車します。

2 Ginza est un quartier de commerces et de loisirs. Les prix de l'immobilier y sont les plus chers de Tokyo. On y trouve aussi les restaurants et les bars les plus chers de la ville.

銀座はショッピングや娯楽の街です。銀座は東京でも最も地価の高いところです。銀座は東京でも最も高価なレストランやバーのある街です。

3 On y trouve des grands magasins, comme Mitsukoshi, et des magasins de luxe pour des marques comme Chanel. L'avenue Chûô est fermée à la circulation le week-end, et le quartier se transforme en "paradis pour piétons".

銀座には三越などいくつかの百貨店があり、シャネルのようなブランドショップもあります。週末、中央通りは歩行者天国になり、車をしめだします。

10 浅草

こんな質問をされたら？

1 Où se trouve Asakusa ?

浅草はどこですか？

2 Quels sont les aspects remarquables d'Asakusa ?

浅草の特徴は？

3 Que faut-il voir à Asakusa ?

浅草の見所は？

Asakusa

💬 30秒で、こう答えよう！

1. Asakusa est un quartier dans le nord-est de Tokyo. La station Asakusa est le terminus de la ligne de métro Ginza.

   浅草は、東京の北東の地域にある街です。浅草は地下鉄銀座線の終点に位置しています。

2. Asakusa est un des quartiers où le charme du Tokyo d'autrefois a le mieux survécu.

   浅草は、東京の中でも昔の情緒の残る地域の一つとして知られています。

3. Le célèbre temple Sensô-ji se trouve à Asakusa. Près d'Asakusa, la rue de Kappabashi est célèbre pour ses boutiques qui vendent des ustensiles de cuisine ou des factices en plastique pour les professionnels et les particuliers.

   浅草には、浅草寺という有名な寺があります。浅草の近くに合羽橋という通りがあって、プラスチック製の料理のサンプルなど、レストランの道具を扱う店が並んでいます。

Chronique 合羽橋道具街・浅草寺

合羽橋道具街

La rue commerçante de Kappabashi, près d'Asakusa, est célèbre pour ses nombreux commerce qui vendent des ustensiles de cuisine et de l'équipement pour les restaurants. Avec le succès mondial de la cuisine japonaise, de nombreux cuisiniers étrangers viennent eux aussi y acheter des couteaux traditionnels ou d'autres ustensiles typiquement japonais. Les factices, reproductions plastiques des plats proposés par les restaurants et exposés en vitrine, sont également un achat très populaire.

　浅草のそばにある合羽橋道具街は、調理道具やレストラン用品を扱う店がずらりとならぶ場所として知られています。最近の和食ブームで、海外の人も多くこの場所を訪れ、和包丁や和食用の調理道具などを買い求めます。日本のレストランなどで展示されるプラスチックで作った食品サンプルなども人気の商品です。

Le quartier des cuisiniers et le Senso-ji

浅草寺

Symbole du quartier d'Asakusa, le Sensô-ji est le plus vieux temple de Tokyo. Il est consacré au bodhisattva Kannon. La statue qui la représente reste cachée au public. Le Sensô-ji se trouve au coeur du quartier d'Asakusa, est on dit que l'ensemble du temple avec son monastère étaient déjà en place au Xème siècle. Le chemin qui mène depuis la porte Kaminarimon jusqu'à l'enceinte même du temple s'appelle "Nakamise". Il est bordé de nombreuses boutiques de souvenirs. Le pavillon principal du temple et la pagode à cinq étages ont brûlé durant la seconde guerre mondiale, mais ils ont été reconstruits après la guerre.

　浅草の象徴ともいわれる浅草寺は、東京最古の寺で、観音菩薩を祀っています。ただし、本尊は秘仏とされ、一般には公開されていません。
　浅草寺は浅草の中心に位置し、10世紀には寺院としての伽藍が整えられたといわれています。表参道の入り口にある雷門から、お寺の境内に至る参道にある門前町は、仲見世と呼ばれ、お土産物屋がずらりと並んでいます。本堂や五重の塔は第二次世界大戦で焼失したため、戦後に再建されたものです。

第7章

東京サバイバル

1 | 地下鉄を乗りこなす
Prendre le métro

1

Q Quel est le trajet de la ligne Ginza ?

銀座線はどこを走っていますか？

R La ligne Ginza relie les gares d'Asakusa et Shibuya, en passant par Ginza. C'est la plus ancienne ligne de métro du Japon.

銀座線は、浅草から銀座を経て渋谷を結ぶ、日本で最も古い地下鉄です。

2

Q Quel est le trajet de la ligne Fukutoshin ?

副都心線はどこを走っていますか？

R En prenant la ligne Fukutoshin, on peut continuer sur la ligne Tôyoko, et gagner ainsi Yokohama sans changer de train.

地下鉄副都心線に乗れば、そのまま東横線に直通し乗り換えなしに横浜まで行くことができます。

3

Q Quel est le trajet de la ligne Tôzai ?

東西線はどこを走っていますか？

R La ligne Tôzai relie la préfecture de Chiba au centre-ville de Tokyo, et se prolonge par la ligne Chûô-Sôbu.

東西線は、千葉県と都心を結び、さらに中央・総武線へと乗り入れています。

4

Q Quel est le trajet de la ligne Marunouchi ?

丸ノ内線はどこを走っていますか？

R La ligne Marunouchi est une ligne presque circulaire et très pratique, qui va de Ikebukuro à Shinjuku, en passant par Ôtemachi, la gare de Tokyo, et Ginza. Après Shinjuku, en direction de l'ouest, elle continue vers Ogikubo et Hônanchô.

丸の内線は、池袋から大手町、東京駅、銀座を経由して新宿までぐるりとまわってゆく便利な地下鉄です。丸ノ内線は、新宿から西に向かって荻窪、または方南町へとつづきます。

5

Q Quel est le trajet de la ligne Chiyoda ?

千代田線はどこを走っていますか？

R La ligne Chiyoda est une ligne de métro qui prolonge la ligne de train JR Jôban. Elle passe devant le palais impérial, puis continue par la ligne Odakyû après la gare de Yoyogi Uehara.

千代田線はJR常磐線からの直通運転で運行されている地下鉄です。皇居の前を通り、代々木上原という駅で、小田急線に乗り入れています。

6

Q Quel est le trajet de la ligne Hibiya ?

日比谷線はどこを走っていますか？

R La ligne Hibiya est une ligne de métro qui prolonge au nord la ligne Tôbu Isezaki, et au sud la ligne Tôkyû Tôyoko.

日比谷線は、北は東武伊勢崎線、南は東急東横線と直通運転している地下鉄です。

7

Q Quel est le trajet de la ligne Yûrakuchô ?

有楽町線はどこを走っていますか？

R La ligne Yûrakuchô est une ligne de métro qui prolonge les lignes Seibu Ikebukuro et Tôbu Tôjô au nord. Elle va d'Ikebukuro à la station de Shin-Kiba, près de la baie de Tokyo, en passant par Nagatachô et Ginza.

有楽町線は、北部で西武池袋線や東武東上線と直通運転している地下鉄です。池袋から永田町や銀座を経て東京湾に近い新木場まで運行しています。

8

Q Quel est le trajet de la ligne Hanzômon ?

半蔵門線はどこを走っていますか？

R La ligne Hanzômon est une ligne de métro qui prolonge la ligne Tôbu Isezaki à l'est. Elle traverse le centre de la ville, et se prolonge à l'ouest par la ligne Tôkyû Denentoshi à partir de Shibuya.

半蔵門線は、東は東武伊勢崎線と直通運転している地下鉄です。都心を経由したあと、西は渋谷から東急田園都市線に乗り入れています。

9

Q Quel est le trajet de la ligne Nanboku ?

南北線はどこを走っていますか？

R La ligne Nanboku est la ligne de métro qui prolonge la ligne Tôkyû Meguro à l'ouest. Elle traverse le centre de la ville du sud au nord, avant de continuer dans la préfecture de Saitama.

南北線は、西は東急目黒線に乗り入れている地下鉄です。都心を南北に横断したあと、埼玉県へとのびています。

10

Q Quel est le trajet de la ligne Toei Mita ?

都営三田線はどこを走っていますか？

R La ligne Toei Mita se dirige vers le nord depuis la gare de Mita, et passe par Yûrakuchô et Ôtemachi avant de continuer vers le quartier résidentiel de Takashimadaira.

都営三田線は、三田駅から北へ向かって有楽町や大手町を経て、高島平という住宅街へのびる地下鉄です。

11

Q Quel est le trajet de la ligne Toei Shinjuku ?

都営新宿線はどこを走っていますか？

R La ligne Toei Shinjuku est la ligne de métro qui prolonge la ligne Sôbu à l'est. Elle part de Chiba pour traverser le centre de la ville, et rejoint la ligne Keiô à partir de Shinjuku. Elle continue jusqu'à la zone d'habitation de Tama à l'ouest.

都営新宿線は、東は総武線と直通する地下鉄です。千葉から都心を経て、新宿から京王線に乗り入れて、西は多摩地区という住宅地へとのびています。

12

Q Quel est le trajet de la ligne Toei Ôedo ?

都営大江戸線はどこを走っていますか？

R La ligne Toei Ôedo est une ligne de métro circulaire qui fait le tour du centre de Tokyo, avec une branche qui se dirige vers le nord-ouest pour rejoindre la région de Hikarigaoka.

都営大江戸線は、都心部を周回する地下鉄の環状線で、支線は北西に向かい、光が丘という地区につながります。

2 JRを乗りこなす
Prendre les lignes JR

1

Q Quel est le trajet de la ligne Yamanote ?

山手線はどこを走っていますか？

R La ligne Yamanote est une ligne circulaire qui fait le tour du centre de Tokyo en reliant toutes les gares importantes. Elle s'arrête notamment à Tokyo, Ueno, Ikebukuro, Shinjuku, Shibuya et Shinagawa.

山手線は、都心部の主要駅を繋ぐ環状線です。山手線の沿線の主要駅には、東京、上野、池袋、新宿、渋谷、品川などがあります。

2

Q Quel est le trajet de la ligne Chûô ?

中央線はどこを走っていますか？

R La ligne Chûô se prolonge à l'est de Shinjuku, et va jusqu'à Nagoya, en passant par Kôfu et Matsumoto. Cette ligne permet de se rendre rapidement à Takao ou Hachiôji depuis la gare de Tokyo via Shinjuku.

中央線は、新宿駅から西に伸び、甲府や松本を経て、名古屋へつながっています。中央線には、東京駅から新宿を経て八王子や高尾を結ぶ快速が運行されています。

3

Q Quel est le trajet de la ligne Keihin Tôhoku ?

京浜東北線はどこを走っていますか？

R La ligne Keihin Tôhoku est la ligne JR qui relie Ômiya, Tokyo, Yokohama, et Ôfuna. Dans la journée, certains des trains sont des express.

京浜東北線は、大宮と東京、横浜、さらに大船を結ぶ JR の路線で、昼間は一部快速運転をしています。

4

Q Quel est le trajet de la ligne Chûô Sôbu ?

中央・総武線はどこを走っていますか？

R La ligne Chûô Sôbu est la ligne JR qui part de Mitaka à l'ouest de Tokyo pour relier Chiba à l'est, en passant par Shinjuku et Akihabara.

中央・総武線は、西の三鷹を起点に新宿、秋葉原を経て千葉を結ぶ JR の路線です。

3 成田空港 vs 羽田空港
Narita contre Haneda

1

Q Combien y a-t-il d'aéroports internationaux à Tokyo ?

東京には国際空港がいくつありますか？

R Il y en a deux : les aéroports de Haneda et Narita.

東京には羽田と成田の二つの国際空港があります。

2

Q En quoi diffèrent-ils ?

成田と羽田空港の違いは？

R La plupart des vols internationaux atterrissent à Narita. Les vols intérieurs et quelques vols internationaux seulement atterrissent à Haneda.

東京の国際線の玄関口は主に成田空港です。羽田空港では、国内便や一部の国際線が発着します。

3

Q Comment va-t-on à l'aéroport de Narita ?

成田空港へはどうやっていけますか？

R Il y a deux voies d'accès principales pour rejoindre l'aéroport de Narita.

Voie d'accès numéro 1 : Le train appelé Keisei Skyliner, qui se rend à Narita depuis les gares de Keisei Ueno et Nippori, est très pratique. Le trajet dure environ 40 minutes.

Voie d'accès numéro 2 : Le train express appelé Narita Express relie la gare de Tokyo à l'aéroport de Narita. Le trajet dure environ 1 heure. On peut aussi prendre le Narita Express depuis les gares principales de Tokyo et de ses environs.

成田空港へは2路線でアクセスできます。

アクセス1；成田空港へは京成上野駅と日暮里駅から、京成スカイライナーという電車が便利です。東京都内から成田空港まで、京成スカイライナーで約40分かかります。

アクセス2；東京駅からは成田エクスプレスという特急列車が成田空港に向かっています。東京駅から成田空港まで、成田エクスプレスで約1時間かかります。成田エクスプレスは、東京とその周辺の主な駅からも利用できます。

4

Q Y a-t-il des navettes qui se rendent à l'aéroport de Narita ?

成田空港へはリムジンバスが走っていますか？

R Les navettes pour l'aéroport de Narita partent du terminal routier de Hakozaki, à Tokyo (Tokyo City Air Terminal). Des navettes pour l'aéroport desservent également les principaux hôtels de Tokyo. Si le traffic est normal, le trajet dure environ 1 heure 20.

東京には箱崎というバスターミナルがあり、成田空港までのリムジンバスが発着しています。東京の主要なホテルからも成田空港へはリムジンバスが運行しています。成田空港へのバスでの所要時間は、渋滞がなければ 80 分前後です。

成田空港

Q Pouvez-vous m'expliquer comment se rendre à l'aéroport de Haneda ?

羽田空港への行き方を教えてくれませんか？

R Un monorail pour l'aéroport de Haneda part de la gare de Hamamatsuchô. Le trajet dure environ 30 minutes. On peut aussi utiliser la ligne de la compagnie Keikyû pour gagner l'aéroport depuis Tokyo. Cette ligne prolonge la ligne de métro Asakusa. Avec un train express, le trajet dure là encore 30 minutes.

羽田空港へは浜松町駅からモノレールがでています。浜松町から羽田空港までの所要時間は約 30 分です。都心から羽田空港には京急電鉄でも行くことができます。京急電鉄は都営浅草線と直通しています。京急電鉄の急行にのれば、都心から約 30 分で羽田空港に着きます。

羽田空港

4 | 東京の歩き方
Se promener dans Tokyo

1

Q Pourquoi les adresses sont-elles si compliquées à Tokyo ?

なぜ東京の住所表示はとても複雑なのですか？

R C'est parce que la plupart des rues à Tokyo n'ont pas de nom. Les adresses sont donc déterminées par bloc d'habitation. C'est pour cela que les sites web de la plupart des hôtels, des restaurants et des magasins proposent une carte d'accès.

なぜならば、東京の通りにはほとんど名前がついていないからです。名前ではなく、住居番号で住所が決められているのです。それで、多くのホテルやレストラン、そしてショップはウエブサイトに地図を載せています。

2

Q Et ces lignes jaunes sur le sol, en relief, qu'est-ce que c'est ?

地面で見かける突起物のある黄色い線は何ですか？

R Ces lignes, qu'on trouve sur les trottoirs ou dans les gares, sont à l'usage des non-voyants et des malvoyants.

歩道や駅で見かけるこれらの線は、目の不自由な人が利用するためのものです。

3

Q Pourquoi, à certains carrefours, peut-on entendre une musique ?

交差点で音楽が流れているのはなぜですか？

R À certains carrefours, une musique retentit lorsque le feu change de couleur. C'est pour indiquer aux non-voyants et malvoyants quand ils peuvent traverser.

交差点のなかには、信号が変わるときに音楽が流れるところがあります。これは目の不自由な人に渡るタイミングを教えているのです。

5 治安
Sécurité

1

Q Quel est le taux de criminalité au Japon ?

日本の犯罪率は？

R Le taux de criminalité est relativement faible au Japon, c'est un pays très sûr. On y trouve partout de petits bureaux de police appelés "*kôban*". En cas de besoin, n'hésitez pas à y demander de l'aide.

日本は他の国々に比べると犯罪率が低く、安全です。日本中に、交番という警察官が待機している詰所があり、緊急のときに援助をしてもらうことができます。

2

Q J'ai perdu quelque chose. Que dois-je faire ?

失くしものをしたらどうすればいいですか？

R Veuillez vous rendre au *kôban* le plus proche.

交番に行きましょう。

3

Q Quel est le numéro de la police ?

警察の連絡先は？

R Si vous devez contacter la police, composez le 110.

警察に連絡をしなければならないときは、110番に電話しましょう。

4

Q Et pour appeler une ambulance ?

救急車を呼ぶには？

R Si vous devez appeler une ambulance ou les pompiers, faîtes le 119.

救急車や消防車を呼ばなければならないときは、119番に電話しましょう。

6 郵便、キャッシング、クレジットカード
Courrier, retrait d'espèces et carte de crédit

1

Q Peut-on utiliser une carte étrangère dans les distributeurs de billets des banques japonaises ?

日本の銀行の ATM では外国のカードは使えますか？

R Non, on ne peut pas utiliser les cartes étrangères dans les distributeurs des banques japonaises, mais on peut les utiliser dans les distributeurs des bureaux de poste et des supérettes "*combini*".

日本の銀行の ATM は外国のカードを受け付けません。しかし、郵便局やコンビニのなかには外国のカードを受け付ける ATM があります。

2

Q Peut-on utiliser la carte de crédit au Japon ?

日本ではクレジットカードは使えますか？

R Ces derniers temps, de plus en plus de commerces au Japon acceptent les cartes de crédit.

近頃の日本では、クレジットカードを使える場所がどんどん増えてきました。

7 外国人からよく聞かれる質問
Autres questions fréquentes de la part des étrangers

1

Q Quelle est la meilleure manière de se déplacer dans Tokyo ?

東京の中心部を移動するには何がベストですか？

R Il est conseillé d'utiliser les transports en commun pour se déplacer dans Tokyo. Ils sont relativement bon marché, rapides, et très sûrs.

都心の昼間の移動は公共交通を利用することを強くおすすめします。公共交通は安く、迅速で、極めて安全な乗り物です。

2

Q Est-ce que les sushis sont chers au Japon?

日本でも寿司は高いのですか？

R Les sushis sont considérés comme une nourriture relativement chère, mais on peut en manger à bon marché dans les *kaïten zushi*.

寿司は一般的に高価な食べ物と思われていますが、回転寿司屋では極めて経済的に寿司を楽しめます。

3

Q Peut-on boire l'eau du robinet au Japon ?

日本では水道水は飲めますか？

R On peut parfaitement boire l'eau du robinet.

日本の水道の水は飲んでも問題はありません。

4

Q Est-ce qu'on donne des pourboires au Japon ?

日本ではチップが必要ですか？

R Non, il n'y a pas de pourboire au Japon. Si vous essayez d'en laisser un, on vous le rendra sans doute.

日本ではチップの習慣はありません。チップを渡そうとすれば、渡された相手はそれを返そうとするでしょう。

5

Q Où trouve-t-on du réseau Wi-Fi ?

Wi-Fi はどこにでもありますか？

R On en trouve partout dans les grandes agglomérations comme Tokyo, mais ce n'est pas le cas dans tout le pays.

東京のような大都市では環境は充実していますが、どこでも Wi-Fi を利用できるわけではありません。

6

Q Je suis épuisé, je voudrais un massage...

疲れたのでマッサージを受けたいのですが？

R Au Japon, on peut facilement trouver un masseur pratiquant la médecine traditionnelle orientale. L'acupuncture, la moxibustion et le shiatsu sont très efficaces pour combattre la fatigue.

日本では、東洋医学を簡単に体験することができます。針やお灸、そして指圧は疲労や筋肉痛によく効きます。

7

Q Trouve-t-on des programmes en anglais à la télévision japonaise ?

TV 番組に英語放送はありますか？

R Au Japon, de nombreux programmes proposent une version multilingue. Le plus souvent, on peut aussi écouter les informations japonaises en anglais.

日本では、音声多重放送があります。日本語のニュースなどの多くも英語に切り替えて視聴できます。

8

Q Est-ce que les Japonais parlent l'anglais ?

日本人は英語を話しますか？

R Les Japonais ont souvent du mal à parler l'anglais, même s'ils peuvent le lire ou l'écrire. Quand vous parlez anglais, exprimez-vous lentement, ou essayez d'écrire sur un papier.

日本では、英語の読み書きはできても、会話のできる人はそう多くはありません。英語で話をするときは、できるだけゆっくり話し、時には筆談などを交えると効果的です。

9

Q Est-ce que les chauffeurs de taxi parlent l'anglais ?

タクシーの運転手は英語を話しますか？

R Malheureusement, la plupart des chauffeurs de taxi ne parlent pas l'anglais. Nous vous conseillons donc de garder sur vous la carte de visite de votre hôtel, afin de la montrer au chauffeur.

残念ながら、ほとんどのタクシー運転手は英語ができません。タクシー運転手に見せるために、宿泊するホテルの名刺を持っておくことをおすすめします。

10

Q Quelle est la taille d'une chambre dans un capsule hôtel ?

カプセルホテルの部屋はどのくらいの広さですか？

R La chambre a la surface d'un lit, et est suffisamment haute pour tenir assis.

ベッドひとつ分程度の広さと、背を伸ばして座れるくらいの高さです。

30秒でできる！
ニッポン紹介
おもてなしのフランス語会話

2016年12月23日　第1刷発行

編　者　IBC パブリッシング
訳　者　トリスタン・ブルネ　ペリーヌ・アラン・ブルネ

発行者　浦　　晋　亮

発行所　IBCパブリッシング株式会社
　　　　〒162-0804 東京都新宿区中里町29番3号　菱秀神楽坂ビル9F
　　　　Tel. 03-3513-4511　Fax. 03-3513-4512
　　　　www.ibcpub.co.jp

印刷所　中央精版印刷株式会社

© 2016 IBC Publishing
Printed in Japan

落丁本・乱丁本は、小社宛にお送りください。送料小社負担にてお取り替えいたします。
本書の無断複写(コピー)は著作権法上での例外を除き禁じられています。

ISBN978-4-7946-0452-1